今天也要
去見 殺人犯
韓國犯罪側寫師
眼中的人性故事
李珍淑——著

推薦序

台灣警察專科學校科技偵查科副教授，
東吳大學、中山醫學大學兼任副教授　**曾春僑**

側寫又稱剖繪，最早起源於美國，目的是將現場有形之實體證據與無形之行為證據，透過分析、統計與歸納程序，加上經驗等元素，轉化成可供偵查與審判使用之資訊或數據，看似形而上或虛無飄渺的工作內容，若非親自參與，很難理解其中奧妙。簽名特徵為儀式行為，與一般的犯罪手法不同，其為特定嫌犯專屬的完成犯罪非必要手段，且若嫌犯未完成這些類儀式行為，其會渾身不自在，必須想辦法在後續犯罪中再完成該特定行為方能紓解壓力，例如嫌犯可能會在殺人後將屍體換穿特定服裝拍照後再回復原狀，或是非以躲避追查為目的之現場布置行為等，均屬於簽名特徵，然早期受限於科技與設備，現場勘查較著重於各種實體證據收集，忽略了簽名特徵分析，現今透過側寫師的努力，讓各界逐漸了解這些特徵的獨特性與重要性，進一步分析儀式行為壓力源，就有機會由背景資料庫中鎖定嫌犯，或是有特定對象情況下，配合偵訊策略使用，調整壓力程度進而讓嫌犯願意誠實自白。

本書作者透過文章各階段的安排，讓讀者了解犯罪側寫師的職業。作者首先介紹其經手案件，說明側寫過程與運用領域，雖然韓國警察分工體制與臺灣有所差異，但讀者仍可大致了解側寫目的是分析案件全部資料後，形塑涉嫌人可能個性與習癖，若有特定對象，亦可運用在偵訊策略與提供法庭量刑參考，若無特定對象，則可縮小偵查範圍，減少偵查人力付出。接著簡述側寫師養成過程，包括招募管道、訓練過程、具備的技能、工作過程中如何面對外界質疑與自我調適各種壓力，最後由其側寫經驗，分析案件形成原因與當事人背景，作者發現許多案件常與韓國社會高壓生活有關。目前臺灣生活壓力與韓國相去不遠，近年亦發生不少類似連續殺人、隨機殺人、重大家暴與妨害性自主等案件，讀者透過此書，更可反思如何在高壓力生活下，重新審視內心世界並避免成為類似犯罪的被害者。

新技術發展初期，可能因無法立即達到實用境界，故被認為天馬行空而蒙受許多批評，各國行為科學發展初期亦遇到類似狀況。尤其在我國因監視器普遍設置與警員戮力付出，重大案件破案率遠高於世界各國，相對的國內大眾較難體認行為科學重要性。難得的是本書作者除將行為科學運用於偵查外，更進一步運用於犯罪預防中，亦即利用行為科學分析找出犯罪原因，這也是國內社會安全網中需要補足的一塊，做到防止產生加害者與預防大眾被害雙重保障，也希望能藉由此書，能讓讀者對行為科學發展趨勢與犯罪預防等領域有新的認識。

前言

我在三十五歲這大把的年紀考上警察，雖然是件令人愉快的消息，但我卻沒辦法完全沉浸在這喜悅之中，因為當時家中老大還只是小學生，老二則還在念幼稚園。一想到要放著姊弟兩人接受為期六個月的教育訓練，我便感到十分茫然，若沒有丈夫和母親的幫忙，我絕對沒有勇氣這麼做。

若有在職的女兒或媳婦生孩子，便經常出現將小孩託由母親或婆婆照顧的情形，這也是所謂「女人為難女人」的典型例子，但我沒時間猶豫了，必須盡快做決定，在百般煩惱之下，我向母親解釋我的狀況，當天的我愧疚到難以入眠，看著痛苦難言的我，丈夫主動表示會幫忙解決孩子的問題，要我放心並鼓勵我放手去做，多虧有兩位我才能順利受訓。

我認為隨著人的平均壽命增長，戀愛、結婚等各種面相的適齡期也需要調整，但不過在二、三十年前，多數女性仍需要在三十歲前結婚，若是又生了孩子，更是有不少人必須離開職場。然而當時的我已經三十五歲，甚至是兩個孩子的母親，可說是處在最惡劣的條件下。

不過我認為一切在於決心，錄取犯罪分析官特招考試之後，事情的發展比想像中更加順利。若我一開始就篤定：「即便我合格了，還是會困難重重。」而沒有去嘗試，那麼我就不會得到現在這個機會，當自己有所顧慮時，身邊的人也會猶疑不定、難以出手相助，但若大家看見自己堅定的決心，周圍的反應也將產生變化。

我認為「專家」並非從天而降的頭銜，而是在自己感興趣的領域挑戰、闖蕩後所得到的獎賞，最近偶爾會收到電視劇或電影編劇的聯絡，也接過訪問的邀請，覺得新奇的同時，也自豪於自己付出的努力。

有時我會感到十分寂寞，彷彿被獨留在這世上，但在我只顧著垂頭喪氣時，抬起頭卻看見無數的申請者真的讓我心存感激。而當我領悟到原來許多前後輩、同事、丈夫、孩子都支持著自己時，整個世界就像被施了魔法般的美好。

我的入行年齡較晚，因此比起已逝的工作年資，我日後能努力的時間相對短暫，但越是如此，我就越對工作充滿熱忱，幸好現在的工作與育嬰環境都已逐漸改善，因此我想比那些為育兒問題所苦的後輩更加努力，以成為他們的力量。我想要毫不保留地傳授訣竅給他們，並向充滿熱忱又聰慧的後輩學習，付出一己之力以拓寬側寫師的道路。

廣域分析的行程確認之後，我會比平常更努力補充健康食品，側寫師必須徹夜分析案件，但若我因為年紀而比後輩先一步顯露疲態，可能會讓他們失去士氣，所以我認為體力控管也是我的義務之一。

我想告訴本書的所有讀者，沒有所謂的「為時已晚」，現在的你們亦能挑戰一切，我認為大家都比我更優秀，只要你們相信自己便是。若你的自尊心低落，或怨嘆只有自己深陷惡劣環境、想要自暴自棄的話，那就每天對著鏡子唸出「我很棒，我什麼都做得到！」的咒語吧，魔法真的會奏效。

若連自己都不尊重自己，那還有誰會尊重你呢？讀過我略顯鬆散的文章後就提起勇氣吧！「連她都做得到了，我有何不可呢？」我誠摯地希望你們能獲得「有志者事竟成」的信心，並在準備闔上這本書時，成為一位肯定自己美好的人。在此提醒，書中提到的例子都是我實際經歷的案件，但為了保護身分資訊而有做部分改編。

最後將感謝之意獻給讓我鼓起勇氣寫書，為我照料瑣碎事務的哥哥和妹妹、幫忙做家事的可愛女兒、正在海軍陸戰隊服役的開朗兒子、我永遠的戀人和伴侶，以及此刻也在與各式案件對抗的側寫師同仁。

目錄

第2章　側寫師是善於聆聽之人

第3章　案件就是社會的素顏

第4章　無論如何都不要放棄的事

第1章
今天也要去見殺人犯

案件#1

小兒子為何要殺害母親和哥哥

收到小兒子申報的失蹤案件轉為重案的通知後，我抵達現場，失蹤者兩人為其母親和哥哥，小兒子比哥哥早婚，已獨立分家，我出動的地方為母親與哥哥的住家，小兒子與母親失聯並申報失蹤後，便持續來往於自己與妻子的住家及母親家，近期幾乎算是定居於母親家中，小兒子表示不知母親何時會歸來，因此不敢回自己的家，除了上班時間之外都在母親的住家等待。

案發現場為三層樓高、鄰近大學校區的多世代住宅，一、二樓租給學生們，三樓為失蹤者們所居住，大兒子平常則利用自家車往返首爾通勤上班。

廣域科學搜查體系成立後，現下環境已有所改變，但當時地方分局與警察局的科學搜查科（台灣稱鑑識中心或鑑識科）仍為分離狀態，警察局接到報案後，常需要與地方分局負責現場鑑識的人員共同勘查現場，因此即便在半夜接到兇殺案發的消息，也時常得從夢鄉爬出門工作，不過因為此案是由失蹤轉為殺人案，所以不需要分秒必爭地趕到現場。

現場勘察人員抵達現場的第一要務便是以影像與照片詳細記錄現場內外部，雖然也會在細部鑑識過程中也會個別拍下局部照片，但刑事整體現場的記錄工作對於重建案發現場來說是十分重要的步驟，因此剛開始分派到職，我在學習現場鑑識時，也時常負責錄製影像以及現場測繪的工作。

而在勘察人員鑑識現場的期間，我則負責觀察建築周圍的道路型態、接近建築的方法，以及現場是否留有犯人的痕跡。

月曆上被圈起來的日期

不過我總覺得奇怪。雖然勘察了家中的每個角落，但除了客廳中幾件散落的物品，以及電腦主機被拿出來之外，我們並沒有發現其他特別的痕跡。現場看起來雖有些凌亂，但看不出有遭入侵或為了離家而整理過的痕跡，母親平常使用的包包、皮夾和手機都在原來的位置，哥哥駕駛的自用車也依舊停在家裡，雖然兩個人憑空消失已足夠離奇，但所有物品都還留在原位卻更加古怪。

客廳的月曆上被圈起的數字「15」讓我感到十分介意，因為若在月曆上做標記便代表該日期有特殊意義，然而上面卻沒有其他特別的註記，十五號是小兒子申報母親和哥哥失蹤的日子，且據說這個圓圈也是小兒子做的記號，有必要用鮮豔的藍色圈起母親失蹤的日子嗎？我對這點感到有些疑惑，一起出動的人員認為無須大驚小怪，但我卻十分掛心，於是我請現場勘察人員拍下月曆。

將過於乾淨的現場以及看起來有些不安的小兒子拋諸腦後，現場勘察人員開始鑑識客廳、廚房、浴室和房間，而我則是協助勘察人員畫下現場的簡易平面圖，並以影像詳細記錄及觀察內部。在第一階段鑑識時，我們仍保留了失蹤和死亡兩種可能性，因為雖然我們勘察了家中每一個角落，卻找不到能下定論的證據。

不過奇怪的是，一進門就飄散出的漂白水味，到了浴室變得更加濃烈，我們雖然察覺到不對勁，卻找不出有異的證據，所以在結束第一階段鑑識後便回到地方分局。母親和哥哥憑空消失並已轉換為殺人案，那麼現場必會留下痕跡，另外小兒子在現場的態度和表情也令人十分介懷，於是我開始反覆檢視現場拍下的影片和照片。

即便找不到肉眼可見的證據，也一定會留下和案件相關的痕跡，因此現場勘察人員勘察時，總會把埃德蒙・洛卡德[1]所言：「有接觸必會留下痕跡。」銘記於

---

1 Edmond Locard，法國犯罪學家。人稱「法律科學的創始者」或「法國的夏洛克・福爾摩斯」。

心。我蒐集了調查方向由失蹤案轉為殺人案的相關原因與文件後，便以此為基礎開始分析案件。

幾天後警察局重案組與地方分局廣域搜查隊的刑警組成了共同搜查本部，身為側寫師的我也被分派到此，我只有偶爾到訪地方分局，大部分的時間都待在以警察局為據點的搜查本部，閱覽現場鑑識、扣押搜查資料以及電腦鑑識[2]等所有資料，全心全意投入這個案件。

母親與哥哥回家後並未有離家的紀錄，從不缺勤的哥哥也在十五號之後未留下任何訊息就不去上班，然而奇怪的是，我們發現了哥哥自用車輛的移動紀錄。為了找出案件的真相，我不分日夜、反覆整理每天蒐集的搜查資料，與搜查本部開會縮小嫌犯人選範圍。經過分析監視器畫面以及探訪調查的結果，我們持續發現小兒子夫妻詭異的舉動。

科學證據讓心證轉為確證

在追蹤車輛行駛路線時，我們在江原道一帶的收費站回數票上找到了小兒子的指紋，這是心證轉為科學證據的瞬間，然而我們卻找不到失蹤者的痕跡。雖然推斷為殺人案的心證已逐漸轉為確證，但現在卻陷入唯有找到屍體才能揭開真相的局面了。即便我們已在回數票上發現小兒子的指紋，但他卻持續隱瞞自己的駕駛紀錄，雖然在確保足夠的虛假陳述時對警方反而有利[3]，但我們還是得找出被害人的痕跡。

現場勘察人員開始進行第二階段的鑑識，當然我也在現場。即使我們搜遍了

2 一種適用於犯罪搜查的科學證據蒐集與分析方法，蒐集並分析各種數位資料、通話紀錄、電子郵件使用紀錄等，以確保與案件相關證據的搜查方法。

3 隨著虛假陳述大量增加，犯罪者很可能陷入前後矛盾、自打嘴巴的窘境，因此有時透過確保充分的虛假陳述，反而能讓犯罪者不得不進行自白。

每一個角落，卻搜不出任何痕跡，最後只好拆開流理台、洗手台、馬桶，甚至使用內視鏡攝影機探查排水孔的水管。在這種情況下，側寫師通常會待在現場與勘察人員討論是否有需要更深入勘察的部分，因為現場勘察人員未必會接觸所有細部搜查資料，所以這個步驟非常重要，所有工作都一樣，若是毫無溝通、單方進行將會窒礙難行。使用水管內視鏡的理由是考慮到可能會發現血跡或人體組織，兩位成人憑空消失卻找不出任何痕跡，我們必須做最壞的打算。

然而我們仍舊找不到任何可疑的證物，最終還是接到了搜索化糞池的指令。和搜查組討論過後，我們認為從浴室飄出了濃烈的漂白水味，代表毀損屍體的地點很可能是在浴室，若排水孔查不出任何證據，那麼或許是透過馬桶將東西排進化糞池裡。

搜索化糞池是我們的最後手段，當時正是悶熱難耐的夏天，我們要做的並非單純檢查化糞池，而是要從其中找出犯案痕跡，因此必須呼叫清潔車將池中的穢物全數清出，並一一確認其中的成分。我們把類似蚊帳的細緻篩網放在化糞池口一一檢視、鑑識穢物，這個過程無論對我或超過十年經歷的現場勘察員來說都並非易事。

臭味是一回事，不斷排出的毒氣和汗水混和之後才是真正的折磨。我去過無數的事故現場，但這次的慘況絕不輸給其他，或可說更甚，讓人連一滴水都無法下嚥，但因為大家都迫切想找出可能遺留的證據，因此沒有任何人敢輕言放棄。我們反覆將穢物移至清潔車又再放回化糞池，卻未如預期發現可能為人體組織的物體，只發現無數的菸蒂和塑膠袋。

即使是在挖掘屍體的過程，若勘察人員感到飢餓，也會暫時喝個水或吃點麵包再繼續，但是在搜索化糞池的期間，我們隨時都處在即將嘔吐的狀態，即使工作人員送來冰水、飲料、冰淇淋都依舊讓人無法入口，不論是我或任何人都未動過進食的念頭。

側寫發揮功效的時刻

我們做到如此地步卻仍找不到像樣的證據，就該輪到我正式出擊了，根據過去調查所找到的線索，兩名失蹤者充分有身陷重案的可能性，在猶豫是否要以找不到屍體的殺人案移送檢方的同時，人員已盡全力尋找屍體，並且確認做摩托車外送的小兒子購入了醃泡菜用的塑膠袋、在案發現場附近的超市購買漂白水等事實，另外透過電腦鑑識結果發現，小兒子夫妻家中的電腦和手機裡有《我想知道真相》、《懸疑故事Y》[4]等案件相關搜尋紀錄。

我們首先要求第一位嫌犯——小兒子——寫下自白書，既然找不到物證，就必須用心理層面的證據刺激小兒子的心。雖然我們應該要找出屍體或發現屍體毀損的相關物證，但既然兩者都沒有下落，現在就只能攻擊對方的心理破綻了。我收到五頁的自白書並逐行分析，如同我的預期，有幾處明顯跡象顯示了他並非誠實的自白者，另外，也找到幾項可供追查的線索。一個人再冷血，也不可能在殺害自己的母親和哥哥之後還心安理得。

不過早就料到會如此的小兒子在調查過程中比想像中沉穩，他彷彿是收到誰的指示，就像在念寫好的腳本一般，所有自白都未跳脫既定的框架，一般的調查似乎無法攻破小兒子的防護牆，於此同時，小兒子和妻子在Kakao Talk[5]上互傳的訊息以及其他相關電腦鑑識結果出爐了，分析電腦鑑識結果也是側寫師的工作之一。驚人的是，兩人的對話內容如實呈現了具體的犯罪計畫與構築過程，雖然不能確定他們完全依照訊息所述的方式犯案，但對話內容確實事有蹊蹺，我必須一一確認其中出現的所有書籍和電視節目，而那將是獨自一人難以負擔的分析量。

4 韓國SBS電視台製作的節目，原名分別為《그것이 알고 싶다》、《궁금한 이야기Y》。

5 韓國最普遍使用的通訊軟體。

然而在搜索小兒子夫妻家的過程中，我發現了幾本身為側寫師的我平時關注並閱讀過的書籍，我接到指示要我購入全數書籍並從中找出一切可能線索，我內心有個聲音在吶喊，要分析所有的書和電視節目根本是無稽之談，但又想到說不定會在意想不到之處發現蛛絲馬跡，且光靠哥哥的行車紀錄以及沾有指紋的回數票根本不可能鎖定遺棄屍體的場所，幾經思量過後，我發現自己已沒有退路。

我購入全部的書籍，與勘察人員反覆閱讀、交流意見，統整出有參考價值的內容，分析大家所寫下的筆記與書籍的關聯性，另外更監看小兒子與其妻受偵訊時的畫面並制定訊問策略。我仔細確認了他們聽見什麼問題會有表情變化，在什麼時候會試圖轉換話題，以及說謊時會出現的舉動。分析之後發現，動之以情的策略並無法撼動小兒子的心理防線，另外隨著調查的進行，我們也逐漸發現小兒子有依賴妻子的傾向。

真正的智囊——媳婦

我表示有必要將小兒子和媳婦分軌調查，並且制定特別需要和媳婦進行對話，於是我不著痕跡地開展與她聊天的機會。到目前為止，媳婦一直主張自己與案件無關，也不知道自己已遭到懷疑，只表示側寫師是自己的夢想，會仔細地問我該如何成為側寫師，我也會聽她聊自己平常關注的電視節目或書籍。

雖然無從得知她的動機，但媳婦持續收看以案件為主題的節目《我想知道真相》、《懸疑故事Y》，也會購讀相關書籍，雖然她對側寫師很有興趣，卻不知道側寫師確切的工作內容，因此相較其他男性偵查員來說，她對我更加友善且樂於與我對話。隨著長時間的相處與閒談，她的對話內容也出現了破綻，我們後來才發現，她曾把節目或書中印象深刻的場景實際運用於犯案過程中。

我若無其事地傾聽她的談話也替她解惑，聊著聊著才發覺，所有計畫皆由媳婦而起，她才是真正的智囊。因此我認為若沒有妻子的指示，我們絕對無法從小兒子的口中聽見犯案的相關內容，結論，我們須集中火力面談的對象以及掌握案件關鍵的人都是妻子。

我和媳婦一起吃飯喝茶，甚至連上洗手間也同行，真的度過很長的相處時間，雖然一再主張自己與案件無關的她在腦中應也是千頭萬緒，但出於對側寫師深厚的好奇心，所以似乎也只能對我採取配合的態度，而我雖已經認定媳婦是本案的智囊，卻仍會向她傾訴辦案的難處，安慰她的心情，並對她採取請求協助的姿態。

斬斷小兒子和媳婦的心理連結

在小兒子接受調查以及以關係人身分到訪警察局的期間，我都不斷向媳婦闡述自己對案件的想法，也告訴她丈夫可能難以脫身，因為我推斷她只有在放棄丈夫、思索自己生存方法的同時，才會暴露尋找棄屍場所的線索，而且我必須讓小兒子認為身為智囊的妻子背叛自己，才能撼動他的心防。來往旌善賭場的他們究竟是為什麼才會同時殺害母親和哥哥呢？經思考後，我們判斷這是以錢財為目的強盜殺人案件。

另外，若媳婦認定丈夫脫身無望，她必會想辦法獨吞財產，所以我必須利用這點來刺激他們。我向媳婦說明，必須等找到屍體才能清算財產，所以拜託她即便覺得瑣碎不重要，但只要有任何疑點都務必轉達給我。

她本來不斷主張不知道丈夫做了什麼，也不知道為何會發生現在這個情況，但不知是我的話有說服力，還是透過催眠想起了什麼，她表示要將一切所知都告訴我。雖然現在的我已受過催眠調查官的教育，但當時的我卻只有在犯罪分析教育的訓練期間學過一兩小時的催眠術而已，因此我一時也不知該如何應對這個狀況，但是媳婦想以催眠術為藉口對我吐露些什麼，我認為已經沒有時間再跑正式程序了。我毫不猶豫地告訴她自己能幫她進行催眠，問她願不願意嘗試，而她也欣然接受，於是我們借了一間空辦公室來進行催眠。

催眠術本應坐在舒適的躺椅上進行，但事發突然，所以也很難打造那樣的環境，雖然只有普通沙發，但我也盡量讓她採取舒適的坐姿，我努力回想受訓時的記憶並開始引導她。

「好，現在閉上眼睛，把全身的力氣放掉，只專注在我的聲音，想像妳的身體沒有任何力氣，深吸氣，呼……把氣吐光，想像所有力量從額頭釋放。好！現在睜開眼睛後，妳將記得所有說過的話，一，二，三！」

雖然這是一次極為荒謬的催眠，但她睜開眼睛後，便悠悠地闡述出自己在丈夫車上睡著時感受到的情形、丈夫去過的地方和推測棄屍地點等相關情報。我聽她一邊畫圖、一邊詳細地說明，雖然不能確定情報是否正確，但也不可完全輕忽。

與殺人犯共枕同眠

與搜查本部開完會的隔天，我們決定和媳婦一起去尋找屍體，因為這起案件深受記者關注，所以必須大清早出發才能避開攝影機，是否能找到屍體還是未知數，因此還不適合為媒體所知。

然而問題出在媳婦表示自己平常有服用安眠藥的習慣，不確定有辦法早起，我們建議她回娘家休息，請家人們叫她起床，她卻堅持要回自己的家。因為不能放她一個人離開，於是只剩下找人陪她同寢的做法，媳婦雖然同意了這個做法，卻沒人敢輕易成為那個人選，因為我們判斷她可能曾在案發現場餵被害人吃安眠藥，所以她家也不是個安全的空間。

雖然偵查員們不敢明說，但我卻感受得到他們緊盯著我的視線，我也認為自己退無可退了，我是執行催眠的當事人，不論如何都得扛起這個責任。隨著調查變成一場長期抗戰，本就不能常常回家，所以我也不需要特地向家人解釋什麼，而且若我開口了，他們肯定會反對我的決定。因此我只告訴丈夫和孩子，自己因為調查所以沒辦法回家，並決定到媳婦家睡一晚後，要在清晨叫醒她並把帶她出門。

搜查本部表示門外有刑警們待命，要我放心，但鐵門內發生的事，外頭又能怎麼阻止呢？若她拿咖啡或果汁給我，基於過去累積的信任基礎，我將難以拒絕，萬一她在飲料裡加了安眠藥，那我的安全可就真的不保了，現在回想起來還真是驚險萬分。

小兒子夫妻住在一間小套房，並在一邊放了一個床墊，他們家裡養了兩隻貓，所以房間內充滿了貓毛，貓咪感受到陌生人出現，於是不斷朝我而來，這對從未養過寵物的我來說可說是一連串的窘境。

到江原道尋找屍體

熬了一夜，天空終於漸露天光，我好不容易叫醒熟睡的她，幫她穿好衣服，幾乎可算是把她背出門並前往江原道，但她一到現場卻是態度大變，我一直順著她的脾氣，請她仔細想想屍體在哪裡，她卻只反覆跟我說：「記不得了，頭好痛。」不過幸好我們抵達的地方是丈夫外婆家的所在地，因此至少追加獲得了丈夫對此處十分熟悉、過去曾經到此露營等情報。

雖然無法鎖定特定區域，但也不能就這樣空手而回，我必須想辦法做點什麼。於是我到五金行買了鐮刀和除草機回到媳婦最初指認的地點開始除草。這時還會發生另一種對於側寫師來說相當尷尬的狀況——我無法確定卻又不能放棄，因此請人員進行勘察，但若到後來找不到像樣的證據，就會愧對許多辛苦的勘察人員。

還記得有一次我說要用抽水機把蓄水池的水抽乾，最後除了魚之外什麼都沒找到，簡直讓我愧疚地抬不起頭來。夏天的雜草十分茂盛，這個狀態之下實在難以搜查，所以我才不得不做出這個選擇。我們持續搜索直至天黑卻仍一無所獲，首先我決定讓部分勘察人員撤隊，然後帶著媳婦重新回到警察局，等隔天再進行面談，剩下的人員則留下來再多搜索幾天，雖然大家本就只有「全力以赴」的選項，我卻仍感到十分抱歉，也難以決策往後的調查方向。

搜索過程中偶爾會遇到這樣難以抉擇的時刻，這個案子是除草，但也有其他案件因推測屍體位在某個地區，於是出動挖土機進行挖掘。搜查本部執行的案件大多都會分配一位側寫師，且側寫師經常被要求在每天例行的搜查會議闡述自己的意見。

全國的側寫師在經過面談和分析後，會進一步綜合分析登錄於SCAS（Scientific Crime Analysis System，科學化犯罪分析系統）系統中的數據、蒐集好的搜查資料、科學證據等，並整理需要追加調查的部分。若搜查的出發點影響到實際搜查，即便不是側寫師個人的責任，偶爾還是必須扛下責任。如前所述，同仁們採納了必須確認蓄水池的意見，但抽光水後卻是一無所獲，現在回想起這件事仍令我臉頰發燙，我監看現場時內心有多焦慮，鑑識結束後想躲起來的心情到現在還是記憶鮮明。

再次回到江原道，以及尋獲屍體

數十名人員在酷暑之下反覆進行除草作業的同時，我再次展開了面談，連圖都畫出來了，我必須讓她確實地說出棄屍地點，媳婦想從案件中脫身，要她一次就在現場坦承棄屍場所，她的心理壓力一定非常大，我認為我的角色就是讓她鼓起勇氣。

幸好她表示想再去一次現場！於是幾天後我們再次出發江原道，我們抵達時天空正灑落炙熱的陽光，為了找她指認的地點，我們徘徊了許多地方，我一直陪在她身邊，數十名勘察人員也在附近翻找，就在此時，遠方傳來了「在這裡！」的聲響，接著終於發現了一具屍體。我們在一個雖然人跡罕至，但距離平地並不遠的草叢找到了母親的屍體，媳婦之前曾表示自己來過附近，但只有待在車上，所以她好像是刻意不指出確切位置，希望搜查組可以自行發現。

接著靠著她的幫助，我們又找到另一具屍體，那真是令人感激卻又可怕的瞬間。當時正是夏天，距案發又已過了約一個月，屍體腐爛得非常嚴重，大兒子的屍體更是遭到嚴重毀損，我們發現了兩具「若非共犯絕不可能知曉、分別埋於不同地方」的屍體，服用安眠藥在車上熟睡的人絕不可能知道。媳婦一心盤算著自己只要協助調查便能脫身，為此我對她有些抱歉，但現在她的身分已不得不轉換為犯人了。

她可能對我有所埋怨，但以被害人的角度來看，揭開真相是再理所當然不過的事。若以人性考量那些可能將她逼迫至此的理由，要說完全不同情她也是騙人的。但即便如此，犯錯就該受到懲罰。另外在調查過程當中，兩人共謀犯案的證據也已充分蒐證，我們只是認為若同時將兩人到案便會將找不到屍體，所以才沒有做此處置。

以為找到屍體就能終結一切的媳婦似乎察覺事情並未按照自己的預期發展，她不斷地問：「現在都結束了嗎？我接下來會如何？我真的完全不知情。」云云，我則一句話都答不上來。搜查組要求她隔天早上十點前到警察局報到，她雖然察覺異常，卻仍先應了下來才回家。

隔天早上我接到一通電話，說她並未現身警察局，家裡也沒有人在的跡象，我打給失約的她，而她卻沒接電話，等我登門找人時，她已做出極端的選擇。

小兒子的自白

發現屍體之後，小兒子便立刻招認殺害母親和哥哥的一切以及和妻子串謀的事實。一開始死都不願開口的小兒子在知道妻子協助警方找到屍體後，便漸漸卸下了心防；在看到母親家中相簿的家族合照時，好像也有所動搖。雖然選擇死路的妻子並不知道丈夫會自白，也不是百分之百確定搜查組想將她的身分從關係人轉為犯人，但她似乎感知到自己已無法從案件脫身了。

我從調查初期就跟媳婦有著最緊密的關係，在她死後便受到檢方的調查。雖然案件解決了，但我卻被追究調查過程中是否有不妥的行為。看守所和偵訊室裡的犯人是何種心情，透過這次經驗我算是稍稍理解了。

媳婦自殺的消息也為我帶來不小的衝擊，若把她當作一般人來看，她曾說過想成為側寫師，也對我示出善意，但若以案件為出發點，我則必須讓她在法庭上認罪，另外，待她的身分轉換為嫌疑犯後，我也還有很多話得跟她談，從出生到犯案前的所有經歷、利用丈夫的原因、對婆婆的財產萌生貪念的理由、何時開始有犯案念頭、她和我相處過程的感受等等，還剩下好多我個人的疑問以及必須聽到的解答。雖然我們有幸能為被害人的屍身善後，但現在回想起來，這真是一起留下許多遺憾的案件。

隨著經手的案件越來越多，我試著不去記得那些太過久遠的相關記憶，但直到現在我偶爾還是會想起這個案子。

案件#2

令人不禁嘆息的兒童虐待案件

我們很難從案發現場確認兒童虐待案件，因為那是日積月累的暴力或虐待所造成的死亡，所以光靠勘查現場並無法定案，而且經常有已將現場恢復原狀才將小孩送醫報案的情形，所以很難從案發現場揭發案件的真相。

提到這類型的案件就讓我不禁長嘆，我經常遇到那些連在電視劇或電影都十分罕見、令人不敢置信會發生的事，特別當被害人為兒童時更是如此。此案的被害人年紀正滿三歲，是個還在牙牙學語、十分惹人疼愛、應該被捧在手掌心、沒有任何過錯的年紀。

週末時，我透過媒體得知一起兒童虐待案件發生的消息，一到上班日我就打電話聯繫該案的搜查小組。一般案件發生時，通常都是負責小組主動要求分析，但若遇到嫌犯自首或現行逮捕的案件，側寫師在看過歸案報告後若認為有需要進行面談或為重大案件也會主動向負責小組聯繫。此案的自首過程有些不尋常，再加上是兒童相關案件，我認為有必要在移送前先與犯人見面，於是主動聯絡負責人，接電話的負責人表示有預感我會聯絡他們，也認為這個案件需要進行面談。

案件的主要犯人為孩子的母親，從孩子與母親同姓這點來看，她可能是在沒有父親的情況下獨自生養小孩，父母兩人一起養個孩子都不容易了，我想她這麼做應該是有什麼苦衷，但即便如此也無法合理化孩子的死亡，所以我認為自己必須先做好萬全的準備再進行面談。

首先，我確認有兩位犯人遭拘留，並在協調好日程後收到了第一階段的調查紀錄，因為牽涉孩子死亡的兩人口供互相矛盾，所以我必須判斷誰說的話才是對的，這樣才能幫這位來不及綻放便殞落的女童申冤。這不僅是長時間在不同場所持續進行的施暴，甚至案發現場已經恢復原狀，所以我只能依憑最初出動現場所拍下的照片以及小孩的照片進行分析。

成人遇害的案件就已足夠駭人且令人惋惜，牽涉兒童的案子卻總更令我難受。我看到這起案件的案發照片後，發現小孩的狀態可說是慘不忍睹，從頭到腳無一完好之處全布滿了瘀傷，臉上也遍布了傷痕，不確定是因為打擊頭部或直接打擊眼部所造成，但孩子的雙眼也有著死黑色的瘀傷，甚至上下嘴唇都已是壞死狀態。

孩子的死亡時間並不長，但唇部壞死的現象實在太過古怪，於是我向驗屍調查官[6]請益，驗屍官表示可能是因為反覆受傷但並未積極接受治療，只有擦藥或使用抗生素，擱置不理才會導致壞死。

我是後來透過面談才知道，原來犯人是因為小孩不吃飯，所以硬把飯塞進小孩的嘴裡、經常毆打嘴邊才會造成傷口，但想幫小孩擦藥時，小孩卻又因為怕痛而閃躲，若是就醫則會更難解釋，所以才這樣放任不管。

足足有四名成人涉案

我不敢相信母親本人竟是犯人之一，即使她並非單獨犯案，且足足有四名成人牽涉此案，首先我與主要犯人——母親——見面，她的敘述如下。

「我和學妹本來住在附近但高中畢業後就失聯了，最近偶然聯絡上彼此，這一個月就住在一起了。學妹在二〇一五年得腸胃炎時，因為聯絡不到家人就要我以姊姊的角色照顧她，於是我便跟著她去住院。學妹快出院時很擔心自己無家可歸，同病房的阿姨聽到之後就說自己學過社會福利，家裡有一間空房，學妹可以

6 科學搜查科當中，為調查死亡事故等被害人的狀態，具備護士、臨床病理師等資格者，透過公務員特考招聘。

跟她一起住，因為我跟阿姨介紹自己時是以學妹的姊姊自居，所以只好跟著一起去。」

「再怎麼樣也不能拋下自己的家人吧？」聽了我的疑問後，她這麼回答。

「我從念小學以前就很常被大八歲的哥哥打，而且經常被打到流鼻血，因此到了哥哥回家的時間我就會假裝睡著，或是等哥哥睡著之後再回家。我本來就不想回家，所以就趁機離家出走了，哥哥在家的時候我總得幫他倒水、做飯、跑腿，他心情不好還會揍我，所以我在家時幾乎沒有幸福的回憶。」

雖然她曾經向家人求救，但若父母從旁阻止，哥哥便會連同父母一併施暴，所以根本沒有用。此後她便住進那位阿姨家，並自然而然和阿姨的兒子逐漸熟稔。然而某一天，孩子的母親得知了學妹和阿姨的兒子在交往的事實。

孩子的父親與懷孕

「阿姨有個和學妹年紀差不多的兒子，後來他們就在一起了，聽說那個男的還要求和學妹發生關係，但我完全不知情，不過他們交往之後，我也跟那個男的慢慢便熟了，之後因為學妹又需要住院，所以我和他在家獨處的時間也變多了，某一天我和他在屋頂上抽菸，正想下樓時就被強暴了，呵呵……下樓梯時他突然就親了我，當時我並不懂強暴是什麼東西，還跟他發生過很多次關係。」

我問她究竟是「強暴」還是「發生關係」，她便沉默不語地坐了好一陣子。

「已經過太多年了，我自己也搞不清楚，呵呵……。」

犯人在高三時被判定有三級智力障礙，所以目前有接受身心障礙津貼的補助，遇到尷尬或不懂的問題便一笑置之的態度也是目前為止我所遇到的智力障礙者們所擁有的特性之一。

若男方試圖和她發生關係，她理應認定這是性侵，但她看起來卻毫不在乎。三級智力障礙的日常生活能力其實並無大礙，多數人可能也看不出他們有任何異常，但若遇到衝突或紛爭就另當別論了，特別是犯罪的情況。

「我一直都不敢告訴學妹，在這期間又被強暴了幾次，但後來學妹好像發現了，她一直問我：『妳月經幾個月沒來了？是不是懷孕了？是不是跟我男友做了？』我一直否認，但學妹卻威脅我要是被她發現，她就會殺了我。一個月後我去買驗孕棒檢查，結果隱約浮現了兩條線，因為我不太確定，所以又試了兩次，結果都一樣是兩條線，學妹要我去保健所看看，檢查之後才發現是懷孕了。」

「而且甚至已經五個月了，保健所說小孩的手腳都已經長成，沒辦法拿掉，於是我才把這件事告訴男方的家人和阿姨，但他卻不相信那就是他的小孩，執意要做DNA檢查。」

「後來阿姨對這件事的態度讓我也沒辦法再住下去了，我本來很感謝她的，但因為事情牽扯到她兒子，她便表示：『我兒子都否認了，妳別亂說，要生不生隨便妳，如果你要把小孩子生下來，那就送到孤兒院吧。』從此之後我就跟她斷絕聯絡了，所以雖然我知道小孩的爸爸是誰，也知道他人在哪，但因為他的 Kakao Talk 和 Facebook 都已經被我封鎖，所以也聯絡不到人。」

她的證詞還未結束。

從未婚媽媽中途之家獨立

「我不敢告訴自己的父母，唯一知道這件事的姐姐告訴我：『雖然妳應該為自己的人生負責，但現在最好的選擇還是去未婚媽媽中途之家。』還幫我打聽了幾處機構，但是原本一起住的學妹卻不知為何一直反對我去中途之家，肚子一天一天變大，我不知該如何是好，反反覆覆了好久，最終決定去一間離住處很遠的中途之家。雖然我非常想待在離家近一點的機構，但怕會遇到認識的人，而且若學妹一直來找我也會造成生活上的困擾，所以我才決定到遠一點的地方。」

「在中途之家生下孩子後，我聽從老師們的建議去裝了叫做『蜜蕊娜（Mirena）』[7]的避孕器，並在那裡待了一年，但是我感到十分孤單而且又得了產後憂鬱症，所以就換到原本住處附近的機構了，我到二〇一九年底為止都一直住在那裡，並在二〇二〇年二、三月左右用這段期間存下來的錢租了一間套房，開始和孩子的兩人生活，後來也再次連絡上了學妹。」

側寫師之所以會傾聽這些看似與案件無關的生平故事，是因為大部分的犯人都從未有過被傾聽的經驗，若我們能仔細聆聽，甚至可以聽到一些本來因為害怕受罰而不敢說的故事。

雖然我們的要務是要鎖定重案嫌犯並讓他們得到應得的懲罰，但分析犯人犯案的理由也不可輕忽，這對於未來發生相似案件需要蒐集有用的資料時、從社會層面擬定預防犯罪的相關政策時都是必要的工作，因此犯人所說的每一句話都是關鍵。

犯人在新機構認識的朋友介紹了一名男子給她。

「一開始因為對方大我九歲，所以我還不怎麼喜歡人家，但他實在對小孩太好了，我想應該很難再遇到這樣的人，所以就繼續跟他交往了。」

不久後他們便開始同居。犯人表示同居對象的朋友在這段期間偶爾也會到家裡玩，久而久之學妹、同居對象、同居對象的朋友還有自己也就變熟了。

荒謬的緣分

但是真正荒唐的部分現在才開始。孩子的生母——智力障礙三級、同居對象友人——智力障礙三級、同居對象——疑似有智力障礙、學妹——接受精神科治

7 一種子宮內避孕器，會釋放左炔諾孕酮，可用來避孕、緩解經血過多等，是最有效的避孕方式之一，有效期間為三到五年。

療中，怎麼會剛好有這樣的組合呢？

當然，我認為有問題的部分並非智力障礙，因為三級智力障礙其實擁有正常生活的能力，且若能與好的群體相處、從中學習正確的規則，生活上並無有大礙，這一點也為許多人所知。我要強調的並非智力障礙，他們四位互相交好也不成問題，只是若他們不能為彼此帶來好的影響，甚至會引發問題，那可能就真的有問題了。

「我們一直是四個人互相來往，但某一天學妹卻懷孕了，學妹表示男友一直對她施壓、施暴，希望我能到家裡幫她教訓男友。雖然學妹同居男友當時因為吵架而離家出走，但學妹說會把他叫回家裡，所以希望大家都到場。於是我們到學妹家喝完酒之後就教訓了她男友一頓，結果她男友卻對包含我和學妹的四個人都提告了。」

「最後我們除了學妹之外的其他三人沒有接受調查，可是依照學妹所說，我們四個都有被告，可是男友只願意原諒她，我們三個的問題還沒解決，所以要求我們各給她三十五萬韓元的和解金，並且案子解決之前要一起住在她家。於是到小孩死掉的那天為止，我們三個就輪流幫懷孕的學妹分擔家事，在她家住了二十天左右。」

讀著這個錯綜複雜的故事，大家是否想起了新安郡鹽田奴隸事件[8]呢？會不會是單純認為付和解金或是刺激對方都可能會受到更嚴重的處罰，所以才順著對方的脾氣過活，結果卻讓孩子承受了他們身上的壓力呢？

一切的發展都始於同居生活，他們過著非自願的團體生活，將責任互推到彼此身上，因此每當生氣時就會對孩子施暴。犯人原本是把小孩交給二十四小時托兒所照顧，只有週五晚上到週末期間才會帶回家，週一早上則又會把小孩帶回托

8 二〇一四年，警察從位於全羅南道新安郡的某個鹽田，救出了被拖欠薪水、監禁的兩名殘障人士。

兒所，但是犯人住進學妹家後便不得自由外出，所以也沒辦法把小孩送到托兒所，小孩子整天待在身邊之後，暴力就變成了常態並且越來越嚴重。

「學妹說如果負責案件的刑警有找，我們就必須隨時出現，因此就算外出也只能去三十分鐘內可以往返的地方，所以我也沒辦法接送小孩到托兒所。我和學妹有在領低收入戶補助，所以可以拿那筆錢當生活費，而且學妹家裡也會寄小菜和生活費過來，所以生活上並沒有什麼大礙。」以上是被害人的親生母親，也就是犯人的敘述。

依照我的判斷，他們四人都沒有工作也無法出遠門，心理壓力才會更甚，雖然我認為學妹很有可能說謊，但男方們都不願意到看守所，特別是孩子母親的同居對象仍在保釋期間，她可能是害怕同居對象在保釋期間犯下其他罪行會受到加重處罰，所以不得不按照學妹的話去做。孩子的母親補充表示：「學妹現在懷孕，比平常還要敏感，生氣時真的非常可怕，所以沒有人敢多說什麼。」

竟然讓好好的孩子喪命……

小孩主要是在吃飯時遭到施暴，如果孩子沒有仔細咀嚼再吞嚥或不想吃飯，就會在強迫餵食的過程遭到施暴。孩子的母親承認自己的暴行，說她會用拳頭集中毆打孩子的嘴巴、臉部、用腳踢他，或用拳頭捶小孩的胸部，有時還會用腳踹已經昏厥的孩子。

「我會用不鏽鋼衣架打小孩的臉、手臂和大腿等部位，也很常罰他倒趴或舉手罰站，大家也會在覺得我太過頭的時候阻止我，但這麼做反而會讓我打得更兇，所以後來大家也放棄了。現在回想起來，我真的是太痛恨那樣的生活，覺得壓力很大，才會不自覺把壓力發洩在孩子身上。」她一邊說一邊流下了眼淚。

我問：「明明學妹自己也懷孕了，為什麼還那麼討厭小孩？」

她回答：「因為那是我跟她曾經的交往對象生下的小孩，所以她本來就不喜歡她，我也因為孩子長得跟爸爸越來越像而開始討厭她了。」

這簡直是太荒唐了，雖然有句話說：「夫妻吵架時，就連看到孩子與老公相像的後腦勺都令人厭煩。」但小小年紀的孩子究竟犯了什麼罪才需要受到如此對待，甚至失去性命？我真的難以理解。

他們四人彷彿在比賽一般搶著要虐待孩子，而遍體鱗傷的孩子就這樣死去了。據孩子母親敘述，某天她看孩子似乎是在打瞌睡，於是把孩子抱到浴室沖冷水，卻沒想到她連最後一口氣都快沒了，她沒想到小孩真的會死，也表示自己也並非完全不愛她。

「我們四個都確認孩子死了，正在猶豫要送醫還是打一一九時，身為母親的我決定要負起責任，但若要這麼做，小孩死亡的地點就不該是在學妹家，而是我家。於是我們四人一起搭上計程車，其他三人在附近的地鐵站下車後，我就帶著孩子一起回家了。我們打算先把家裡整理乾淨，再跟警方說他們三人是在從弘大來的路上接到我的通知才打來報案，結果最後打電話的人是學妹。」

需要側寫師的理由

雖然還有許多令人費解的部分，但現在是時候得聽聽學妹A的說法了，我想大家一定覺得目前為止的故事冗長又煩悶吧？然而我們每個月大約都會收到兩到三起兒童虐待或兒童虐待致死案件，所以我希望能確切轉達案件的實際情形，雖然側寫師的工作內容也很重要，但我更希望大家能徹底了解一個案子之所以需要動員側寫師的理由。

在錯綜複雜的關係認知下，有許多人在小小年紀、並未審慎思考是否真能負責便懷孕，因此孩子出生後就常因經濟層面等理由成為雙方互相推卸的責任，因為上述情形導致孩子需要通過育幼院進行海外領養，或把小孩虐待致死的案例實在超乎想像的多，甚至互相推卸死亡責任的情景也是司空見慣了，就像這個案件中母親的交往對象，他認為自己沒有責任，透過串通的方式從案件脫身，也沒有受到處罰。

為了避免誤罰無罪之人，所以我們必須遵守無罪推定原則[9]。看到那些根本沒有犯下殺人等罪行，卻被關了數十年冤獄才申請重審的案例，總會讓身為從事警察的我，進行深刻的反省並下定決心要確實搜查。但是讓犯錯的人接受相應的處罰也是執法者的工作，為了不要再出現相同的被害人，我認為確實揭開案件的真相、讓罪犯站上法庭接受懲罰也是側寫師應盡之責。

共犯的辯解

學妹A認為自己應該對孩子的死負責並需要接受處罰，她在看守所時聽說自己可能被宣判無期徒刑，便表示自己也有過不幸的幼年時期，所以其實也很想要好好對待孩子。開始訴說自己過去的故事，似乎想藉此引發同情心。

「我也是一出生就被丟到孤兒院，所以一直到奶奶在我兩歲多時來找我之前，我都以為自己是孤兒，幸好奶奶看我可憐才把我帶回家扶養，爸媽在我還在媽媽肚子裡時就離婚了，所以我從沒見過爸爸，我跟奶奶住在一起，一年只能見到媽媽一兩次，但她對我一點都不溫柔，雖然她有把我帶回家，但因為我長得跟爸爸很像，所以只要一生氣就動不動要我去死。」

「不知道是不是因為這樣，我從小學高年級開始就有自殺的衝動，我會用削鉛筆刀割腕，班導師建議我去接受精神科治療，但奶奶和媽媽都充耳不聞（我看了一下，發現真的有約四到五道用削鉛筆刀割腕的傷痕）。之後我就和壞學生們

---

9 直到判定有罪之前，刑警必須視被告為無罪。

混在一起、離家出走，國三時還被朋友身邊不太熟的哥哥強暴了三四次。因為我一直惹事生非，後來就被送到媽媽再婚的家去了，直到高二為止我都在那裡上學，幸好媽媽和叔叔是週末夫妻，所以我不太需要看他的臉色，但要跟同母異父的弟弟妹妹相處也沒那麼容易。」

「只要我犯一點小錯或惹麻煩，媽媽就會對我罵髒話，甚至要是媽媽不在家，就連弟弟妹妹也會學媽媽用髒話罵我，還會偷打我，把我折磨得痛不欲生，我一直處在這樣的環境之下，後來高二時在一起混的朋友當中認識了大我一歲的學姊（孩子的母親，也就是犯人），然後從我離家出走、生病住院、住進阿姨家一直來往到現在。學姊自從在阿姨家懷孕後就覺得自己應該對我負責，當時學姊應該不論如何都得墮胎的，就是因為她聽到小孩的心跳聲之後賴皮不願意墮胎，所以才會發生這些事吧。」

不過這時，她說出與孩子的母親不一樣的自白了。

「其實小孩還在學姊肚子裡的時候，我不只討厭她也討厭那個孩子，我恨她跟我交往的男生發生關係，而且她根本不愛那個男人卻懷了他的孩子，所以我也討厭那個孩子。我不想讓學姊自己扶養那個小孩，所以才阻止她去未婚媽媽中途之家。」

「我有好一陣子都沒有學姊的消息，一直到小孩出生一百天她才連絡我，從那時開始，學姊會在逢年過節來看我，一直互相往來到現在。我第一次看到學姊和小孩的那天，覺得她看起來很成熟，獨自扶養小孩的她讓我覺得非常了不起，後來我也會買衣服、鞋子、玩具給小孩，一直很疼他。」

學妹的敘述還在繼續。

「當時我也是懷孕三個月，所以打小孩也沒有下重手，雖然我會跟男友吵架也抱怨過他，但我從未要他們打我男友，我不能理解學姊為何會把曾經那麼疼愛的小孩打成那副德性。」

截然不同的自白持續增加，我判斷她可能是想將所有罪推到學姊身上，所以沒有完全採信，但她表示想說出事實真相，於是又開始了新的陳述。

寄生的同居男

這次則是關於孩子母親同居對象的故事。

「比學姊大九歲的哥哥從來沒有出去賺錢過，每個月都靠學姊的補助生活，學姊幾乎不花錢給小孩吃穿，只把錢花在買那位哥哥需要的物品。據我所知，生活津貼、身心障礙補助、育兒津貼加起來，學姊大約會領到一百一十三萬韓元的費用，但有時卻一兩天就全花光了，我偶爾會接到借錢的電話，說是沒有錢買東西給小孩吃。」

「雖然我的脾氣也不太好，但那位哥哥卻比我還暴力，平時也經常打小孩，雖然害死小孩的關鍵人物是學姊，但是那天在學姊動手之前，那位哥哥就已經用衣架的桿子打過小孩了，等學姊回家後，他就跟學姊告狀說小孩不聽話，所以學姊才會拿棍子打小孩。」

「我聽跟學姊在同一個中途之家的姐姐說，學姊在中途之家時也曾打過小孩，但當時是因為還不懂得教養的方法，並不會像最近下手那麼誇張，她是跟那位哥哥交往之後才變得這麼奇怪。而且那位哥哥平時不工作，卻老是吹噓說自己有好幾億，雖然我沒有親眼看過，但我猜學姊應該也被那位哥哥打過。」

「確認小孩死掉之後，大家都非常慌張且手足無措，結果那位哥哥卻對著我說：『如果要報警，就說是妳這個孕婦幹的吧。』他認為懷孕應該可以從輕處罰，如果不這麼做，不如就把小孩的屍體帶到山上埋葬，我們討論了好久，最後決定按照我當時報案的說法，讓學姊負起一切責任。」

「學姊之所以會包庇那位哥哥，應該是想起小孩死掉的那天哥哥哭著求她的樣子，或是也怕哥哥報復她吧？如果學姊不說實話，就會變成好像只有我在說謊，所以我到現在還是不確定自己到底該說實話，還是承認一切的罪行。」

當我問她為什麼調查時不坦承一切，她卻反而掉下眼淚哭訴：「其他三個人都說我是最壞的那一個，我還能怎麼辦……？」

這些眼淚究竟代表著什麼呢？我的腦中浮現了千頭萬緒。她說自己既然要受罰，就該受到相當的處罰，但那位哥哥也是個危險人物，所以希望他也能受罰，又說明明那位哥哥的行為不比自己輕微，不懂學姊為何一直說謊。光聽孩子的母親敘述時，學妹彷彿就是罪孽最深重的人，因為光就孩子母親所言，聽起來就像是學妹利用有智力障礙的媽媽來犯罪。

再次與主要犯人見面

再這麼下去將無法得出任何結論，而現在又只有孩子的母親和學妹遭到拘留，但即便如此，目前的狀況也沒辦法和孩子母親的同居對象見面，於是我認為必須再次與孩子的母親進行對話，並在隔天與她見面。

與同一位犯人見兩次面的狀況並不多，雖然在為了獲取口供或正在調查嫌犯時會經過數次的面談，但若犯人已遭逮捕卻仍進行兩次以上的面談，那就算打破常規了。通常犯人遭逮捕之後，要等到負責的調查小組蒐集完所有審問紀錄，認為沒有任何疑點後，我們才能與犯人見面，另外也常因為在移送檢方前的行程過於緊湊，所以沒有任何進行面談的空閒。然而我不能未經過確切判斷就寫下側寫報告[10]，所以我決定再次與她見面。

犯人紮起長長的頭髮，用天真的表情坐在我面前，我一邊煩惱該如何起頭一邊先詢問她是否吃過午餐。她的面容不如想像中的憔悴，敘述自己吃得好、睡得

10 與犯人面談或分析案件時所書寫的綜合報告。

飽的嘴臉並不討人喜歡，雖然我很想對她大聲質問：「一個死了女兒的人怎麼有辦法這個樣子？」但我忍下來了。我向她說明自己是想來跟她確認上次的面談內容是否有隱瞞或說謊的部分，但她卻堅決地回答：「沒有。」

於是我懇切地拜託她：「我昨天和學妹A見過面，但還是有些地方怎麼都想不透，如果妳心疼女兒的死，那是不是至少該讓孩子對媽媽毫無怨言地離開呢？請妳誠實地告訴我該負責的人究竟是誰，讓他受到應得的懲罰吧。」

我這麼說之後，她才問學妹是不是提到同居的哥哥了？自己昨天也因為相同的理由接受追加調查，但她的自白跟當時並沒有太大的區別。

我與孩子的母親見面時就已知她和同居男都接受過追加調查，並且自白內容跟過去大同小異，但我仍認為事實並非如此。面談前及每早上班時我都會反覆觀看孩子在現場被拍下的照片，同時不自覺地在心裡對那名孩子說：「我一定會確實揭開案件的真相！」孩子還在母親腹中就沒有受到關愛，我不能讓她連死後都如此委屈。

她思考了好一陣子之後終於開口了。

「那個……雖然哥哥不像我和學妹那麼誇張，但其實也很常打小孩，可能因為他是男生，所以每次打小孩的背時，孩子都會被打暈，我常常幫他把小孩扶起來，甚至有時候他會說男生可以打得更大力，然後拿洗奶瓶的刷子來打小孩，他也沒有每天都打啦，大概連續打三天會休息個一兩天，然後才會繼續打。雖然小孩好像是因為嘴巴痛才不吃飯，但她本來就不太愛吃，所以我每次餵她的時候都會動手，哥哥會硬抓住小孩的下巴要她咀嚼、也會打她，現在回想起來，提議把小孩帶去山上埋的人好像也是他。」

孩子的母親持續毫不在意地說出荒唐至極的話語，我問：「為什麼說他不曾打小孩？為什麼說他雖然有大吼大叫，但也不曾動手？為什麼要包庇他？」

結果她卻回答：「哥哥曾經在看守所待過一個月，我不能讓他因為我又進看守所一次，雖然不知道我會被判多久的刑期，但等我被放出來之後，還是想跟他繼續交往。」

當下的我太過憤怒，甚至脫口說出身為側寫師不該說的話。

「都到這個地步了，妳怎麼還說得出這種話？如果靈魂真的存在，小孩子現在應該聽得到妳說的話，妳怎麼能說這種話呢？」

我反覆地要她承諾若再接受追加調查務必會說出真相才結束這次的面談，因為雖然側寫報告會記載犯人陳述的內容，但調查上也必須有這些紀錄，所以才做出這個要求。

身為側寫師的使命

無辜受罰之事不能再有，但若眼前有犯了罪卻只顧脫身的人，我們也不能坐視不管。嫌犯的同居對象在與她同居之前，就曾與收容中心的其他未婚媽媽同居，因此我強烈認為如果這次也讓他脫身，他肯定會再物色其他對象並依靠對方的補助維生。我非常了解這種寄生於他人之人有什麼特性，這種人通常不會有任何罪惡感，並且善於發覺那些可以利用的獵物，因此就算只是為了預防這件事發生，我也一定要揭開真相。

獨自生養孩子、得不到任何支持、覺得自己不如人的母親，即使知道同居人對孩子做了不應該做的事，但由於對方持續陪伴自己，所以才會選擇依賴他。心靈上的支持能給人活下去的勇氣，我看著從未擁有任何支柱的孩子母親，內心也十分感嘆。

雖然現在的社會福利政策比起過去已有所進步，但從這件事看來，似乎還存在著死角。能否確認領取低收入補助的人過著怎樣的生活？補助津貼是否被合理使用？沒辦法對補助對象施以經濟教育嗎？有許多人是因為全然不知政府所提供的援助才會走上犯罪這條路，我們急需能實質幫助這群人的社會系統，這個案件讓我開始反思，側寫師這個角色究竟能發揮到什麼地步。

案件#3

幻想自己是楚門秀主角的年輕人

這是一條安靜的住宅區小巷，表面上看起來僅是一片寂靜，但當你走上前往住處的樓梯，將會看見難以言喻的奇怪光景，我在過去看過無數案發現場，但卻是第一次見到這樣的案發現場。走到樓梯上端的玄關之前會先看見一個院子，院子旁的雞舍裡是一片難以名狀的慘況，以蓋在住宅區的雞舍來說，這個雞舍的面積偏大，而裡頭五隻偌大的雞皆已全數死亡。有的是脖子被劃破，有的則無法確認究竟被刺了多少刀，從雞舍內部蔓延到樓梯口的血痕似乎已說明了這駭人的情況。

而在打開玄關門之後，眼前便是一片怵目驚心的案發現場，客廳布滿了血跡，疑似屋主的兩人則倒在玄關和廚房的入口側，案發現場看起來幾乎沒有可落足之處，因此我們在門口外部拍攝後便設置了通行板。勘察人員雖然本來就會為了保存案發現場而設置通行踏板，但這次卻是不放踏板就休想踏出任何一步。

處理屍體應是第一要務，但是一一九救護人員已確認此次被害人的死亡事實，所以我們決定在完整保存現場的狀態下進行第一階段鑑識，因為移動屍體時便可能毀損證據。現場勘察人員在進行勘察的同時，我則在描繪內部平面圖，並在確認屍體的位置以及現場遺留的物品後站在門口觀察現場。依照現場留下的血跡型態預測犯人的行為是十分重要的工作，雖然我們能在逮捕嫌犯後從其口中聽到一些敘述，但是也需要分析現場透露的犯案痕跡，才得以與犯人的口供做比對。

作為凶器使用的菜刀就這樣棄置於現場，被害人就像剛剛在樓梯入口看見的雞一樣，身上也留有傷疤。兩名被害人的手上都有類似防禦性的傷痕[11]，應該是為了躲避攻擊而死命閃躲的結果。若說現場勘察人員的工作是致力於尋覓被害人與犯人在現場留下的痕跡，那麼身為側寫師則須努力透過蒐集到的物證來透析犯人的行為，並找出無形的證據。若和這次一樣是使用銳器[12]的案件，我們就必須區別犯人使用的是刀背或刀刃？並從銳器的方向或模樣判斷犯人是從哪個方向攻擊被害人？慣用哪隻手？共使用幾個凶器等，預測犯人的行為。

光靠一次的現場勘察並不夠，因此有時需要走訪案發現場二至三次、觀察數百遍的現場照片。雖然我們竭盡全力想像各種案發當時的可能狀況、努力揣測犯人的心境，然而首次的現場勘察仍具有極重大的意義，因為等搬運完屍體、結束第一階段鑑識後，現場便極有可能已經變形。

11 與被害人為了抵擋對方的攻擊所留下的傷痕。
12 刀子等尖銳的犯案工具。

可怕的案發現場

案發現場為雙層住宅，屋主住在二樓，居住在一樓的房客在聽到騷動的聲音後便立刻報警，警察在報警後也立刻出動，而在警察進門後，一名推測為犯人的年輕人就從二樓竄逃而出，警察們也追了上去，兩名被害人皆位於客廳，疑似為第三者所有物的電腦硬碟以及數十本書則裝在一個小小的箱子放置於客廳入口，我推測應該是犯人本來想帶走，但發現警察一到就棄置逃跑的物品。

兩名被害人的死因全都是失血致死[13]，犯人在胸、背、腹部刺了無數刀後，又在頸部留下了巨大的刺傷[14]，到底是心懷多深的怨念才會留下如此嚴重的傷口，簡直是慘不忍睹。因為被害人的屍體皆位於客廳，所以在客廳勘察結束後，我們便把屍體送至太平間。雖然側寫師必須在驗屍時再次仔細觀察屍體，但是通常要等到現場勘察結束後，側寫師、驗屍官、現場勘察人員才會一起行動。

依照客廳的情況來看，最初與最後的攻擊場所應該都在客廳，但為了確認內部是否留有其他犯案痕跡並重建犯案過程，我們進行了追加勘察。根據目擊者所述，我們確定那位年輕人就是屋主的兒子，並推測他為犯人，所以也必須仔細觀察兒子的房間。屋主夫妻的房間裡並未發現疑似血跡的痕跡，而兒子的房間卻到處都是血跡，他使用的電腦已遭拆解且沾滿血跡，書架、書本以及擺放在書桌上的物品也都發現了血跡，應該是他在犯案後想整理離開的行李才會進房間摸遍各種物品。我們必須把落在客廳的書籍、硬碟等物品帶回分析室進行追加鑑識，但因為沒辦法搬動整個房間，所以我們請人員拍下需要的地方並要求鑑識。

雖然負責現場勘察的人員都已是老手，所以即使不特別要求，他們也會仔細勘察整個犯案現場，但在觀察現場後若發現需要進一步勘察的地方，我們也會額

13 因嚴重出血導致血液不足而死亡。
14 被尖銳物品刺擊所留下的傷口。

外提出請求。另外即使第一階段鑑識已經結束，但我們從現場照片或調查紀錄中發現可疑的部分，仍會進行第二、三階段的鑑識。我認為側寫師之所以隸屬於現場勘察科，便是因為部門之間需要溝通，且沒有到訪現場就無法進行分析。

雖然我們在客廳發現了沾滿血跡的廚房用刀，但在廚房內卻沒有找到血跡或任何可疑的痕跡，於是我們總結，這次案件的主要場所就是客廳、兒子使用的房間以及雞舍。

在醫院遇見犯人

我們在進行現場勘察時收到犯人已遭逮捕並送醫的通知。他從二樓一躍而下後摔斷了腳跟，在骨折狀態下開著父親（被害人之一）的車子逃逸，並在途中發生追撞車禍而遭逮捕。雖然他除了腳跟骨折以及幾處小傷口之外並無他處受傷，卻也無法立刻出院，於是我便在醫院與治療中的犯人進行面談。兩名被害人加上犯人，案發現場共有三名人士，然而因被害人已全數死亡，所以我必須從犯人口中聽到犯案相關過程以及所有細節。案件的始末如下。

犯人在務農的父母親扶養之下順利地從高中畢業，他的成績屬於前段班，因此也考上了理想的大學，雖然不算有錢人，但也不曾覺得自己經濟匱乏，若硬要指出可能的問題點，那就是他從小就經常看到父母吵架的模樣，每次吵完架，母親總會對一男兩女中的老么——也就是犯人——發牢騷，所以他總覺得自己為了母親得更努力地讀書。

然而他並不喜歡聽媽媽每次吵架之後繁瑣的抱怨，大部分的壓力也是由此而起。姊姊們以優異的成績畢業後都找到了不錯的工作並結婚。我問犯人為何有休學的紀錄，他則表示當時為了做更有發展的工作本來打算到德國留學，另外更驕傲地說自己從不做沒把握的事，所以從沒有過失敗的經驗。

雖然說犯人沒有特定的長相，但光從外表看來，坐在我面前的人真的不太像殺人犯，他不僅長得好看，身高似乎還超過一百八十公分，當然，連續殺人犯們也經常被鄰居們描述為平時文靜、看起來再善良不過的人，因此光靠外表是無法評斷的。

殺害父母後仍如此磊落的犯人到德國留學後並未畢業就又回到韓國，雖然我大概能預想他在德國應該產生了心理上的問題，但他避而不談，只回答是因為自己想回國。他在回國後找不到像樣的職場，目前在姊夫經營的書店工作已超過兩年，另外他補充說明自己從未交過女朋友，但最近突然有意與人交往，所以正在研讀與人有關的書籍，以及雖然他覺得自己並沒有心理上的問題，但曾接受過憂鬱症治療。

連在殺害父母之後逃逸時都心心念念要帶走書和硬碟的他，主要閱讀與大腦、宇宙、未來、救贖、永恆、愛情等相關書籍。

因睡眠不足引發的幻想

犯人說：「我最近正在閱讀與腦呼吸[15]相關的書籍，也認為自己做得到這件事，我認為就算睡得很少還是可以正常生活，所以一天大概只睡兩三小時，這兩三天都持續這樣的習慣。」

平時睡眠充足的人未攝取足夠的睡眠，並相信自己獲得特別的能力，就很可能是問題行為的開端，或許可能會有例外，但犯人的情況似乎就是如此，他表示自己會在無意識的狀態下彷彿被人命令一般進出特定場所，並且對當下發生的事一片空白。其實這種症狀通常發生在為精神問題所苦的人身上，因為我們收到許多案例報告，都是因為堅信人即使不睡覺也不會疲累，最後卻走歪導致憾事發生。

15 韓國作家李承憲的作品，講述以大腦功能為基礎，透過專注與想像刺激腦部，以拓展身心健康的方法。

犯人在案發當天也是超過凌晨兩點才就寢，卻在四點半聽見雞啼聲便起床，接著他跑到屋頂上養了六隻雞的雞舍把其中一隻公雞的脖子給扭斷，又回到廚房拿菜刀想再殺兩三隻母雞，就在此時，他的父親跑出門質問他為何如此，並在阻止他的時候發生了爭執。父親把他拉回客廳之後，母親便一邊唱聖歌一邊安撫他，他和母親在房間裡播放聖經故事和聖歌，並閉上了眼睛，之後便平靜了下來，但到了清晨時分，他又再次感到不安，因而在客廳裡來回走動。

「我本來只想靜靜地待著，但總有種被人監視的感覺，所以我問我媽我的手機在哪？書又在哪？等我出門後才發現大約有七本我平常念的書被放在雞舍前，但是並沒有看到我的手機，我凌晨去殺雞時明明記得有看到亮光，但卻完全想不起自己把手機放在哪裡，也找不到手機。我媽追問我把錢包放在哪裡，但我腦中突然閃過奇怪的想法，就拿著車鑰匙跑出門了，我把追出來的媽媽甩開，開著爸爸停在空地上的車在附近繞了一圈，後來覺得我必須殺掉剩下的雞，所以才又回家。」

「我兩手各拿起一把插在流理台上的菜刀想出門把剩下的雞給殺了，但爸媽卻抓住我的手臂阻止我，就在我想甩開他們的同時，事情就這樣發生了，我記得自己刺了父親兩三刀，但不記得是否有刺到母親，總之我走出家門後就依序用刀把剩下的兩隻還有一隻想逃走的雞給殺了。我回到客廳看見母親坐在倒地的父親旁邊哭泣，但卻突然覺得她是一具邪靈，於是一邊喊：『退散！退散！』一邊拿刀刺向母親，但是母親一直沒有死，所以我才更用力地刺向她的心臟部位，後來又在他們的脖子上追加刺了幾刀。」

我問他看著無能反抗的父母有什麼感覺，但他卻只覺得當時的父母像是在阻止自己的邪靈，「我本來只想殺雞的……。」他認為要是父母不阻止自己殺雞就不會發生這件事，比起後悔，他流露出更多憤怒的情緒。

於是我問他，究竟為何會有想殺雞的念頭？

他答：「我在凌晨時被雞叫聲吵醒，也沒什麼特別的理由，就覺得應該要殺了牠們，現在回想起來，我覺得那隻公雞就好像在輪姦好多隻母雞，所以我才會先對公雞下手。」

然而雞舍裡的雞已被全數殺死，所以他的解釋也沒有說服力，我只能當做這起案子的全貌已有部分瓦解，另外，他在談論到自己閱讀的書籍時，還提到這樣的內容。

「每個人生都隸屬一個生肖，一個人可能表現出該生肖的正面性格，也可能表現出其負面性格，如果你受到比較多負面性格的影響就會犯罪，我覺得如果雞犯下輪姦這個罪，那麼牠下輩子出生就會外遇、做壞事，所以我才會處決牠們。」

他讀了許多宗教相關的書籍，最近也在姊夫的建議下加入教會，但這既非基督教也非佛教思想，簡直是支離破碎。坐在我面前的犯人卻理直氣壯地闡述著自己的主張，從語言或表情都讓人難以看出他的思維已是解離狀態，若只從遠處觀看犯人的表情或態度，絕對想不到他正在訴說這樣的內容。雖然他說的話既沒說服力也沒道理，但若身為側寫師的我不努力裝懂、聽他訴說，那麼他的敘述便會中斷，所以我必須仔細聆聽。

至於父母看起來像邪靈的問題，他是這麼回答的。

「因為他們阻止我殺雞還監視我，事發前幾天，我到板橋那一帶閒晃了幾個小時才回家，但他們看著我的眼神彷彿我不是他們的親生孩子，從那個時候開始他們好像就已經被邪靈附身了。」

「我平常並沒有想過要殺爸媽，但爸爸外遇之後他們就很常吵架，我覺得不論是雞還是人都有問題，雖然如此，我也不完全是因此才殺了他們。」

他的敘述還在繼續。

「現在是一個善惡二元對立的世界，我一直很煩惱自己是要繼續處在其中，還是跳脫這個界限，依照我對周邊情況的觀察結果，我決定要超越這個二元化的世界，所以今天才會發生這些事。」

他的口中不斷地說出脫離正常思維的話語。

面談的另一個理由

側寫師與犯人進行面談的目的，在於找出現場並未發現但與案件相關的資訊，另外則是了解其在犯案過程所發生的心理變化，以便下次案件發生時參考。

側寫師雖不作為諮商角色，但犯人一旦開了口，通常都會希望他人能傾聽自己的故事直到最後，不論是被心理問題所困的犯人或一般的犯人都是如此，甚至有人還會請我們再見他們一次。雖然光靠一次的面談很難改變或教化犯人，但我相信這會是一個促成改變的契機。我認為面談的意義在於讓犯人明白，自己在為過失負責的服獄期間可以改過向善，同時也可接受心理治療。

隨著持續進行的敘述，犯人似乎也找回了心靈的平靜，對於自己在逮捕過程中咬舌頭嚇到警方的行為也表達了歉意，他還要我放心，表示自己這麼做並非想尋死，只是因為舌頭是一切禍害的根源。我問他最近是否覺得自己精神異常時，他則表示媽媽和姊夫曾說自己瘋了，但他自己從來不這樣覺得，另外還抱怨工作時老是有人煩他，所以明明一小時就能結束的工作，他卻得花兩到三小時才能完成，讓他覺得非常辛苦。

犯人主張自己彷彿成了電影《楚門的世界》的主角。案發之際，他正沉醉於《地球活化》、《Shaumbra[16]》、《與神對話》等宗教運動網站與書籍，已與日常生活、普通思考模式脫鉤，我想他或許是因為沉浸在這些輕視現實世界的思想，才會陷入這樣的避世模式。依照我的判斷，他為了滿足母親而選擇的道路並不順

16 討論靈性覺醒的會員制網站。

利，因為不符合父母的期待導致親子關係惡化，再加上無法接受失敗，所以才打造了一個只屬於自己的世界，他不願顯現不熟悉社會的自己，所以才會更加虛張聲勢。

犯人在閱讀《與腦對話：腦呼吸啟動生命能量》後，自己進行了臨床實驗，實驗後他認為自己即使不睡覺也不會感到疲憊，就這樣過幾天之後便犯案了。他反覆地表示，覺得父母就像《楚門的世界》一樣，為了把自己陷入絕境而在暗地盤算。而當我問及他現在最擔憂的問題時，他則表示最近辦了新手機，必須確認附加服務的事，如果他繼續被關在醫院，最擔心的就是這件事，並且向我仔細說明附加服務的種類，而當我問父母親死亡的相關問題，他卻以自己神智不清為由拒絕回答。

深入犯人的思想世界

母親從丈夫身上受到壓力便向兒子抱怨，犯人兒子則為了滿足母親而不得不當個模範生，我想以他幼小的年紀大概難以理解母親的心境，所以感到心有餘而力不足吧？

犯人成長的過程中，可能就在母親毫無止境的盼望以及辜負母親盼望的自己之間不斷拉扯，或許他在大學決定休學前往德國時就發現自己出狀況了，在德國的生活應該也不容易，犯人的身體雖有所成長，但卻沒有人能擁抱他依舊脆弱煎熬的心，要以如此疲憊的狀態適應海外生活想必是難上加難。

我們必須學習生病時表現不適、能力不足時承認做不到、不懂時果敢表達疑惑的勇氣，這應該從家庭教育做起，並在國小、國中、高中的過程中自然而然地學習。有人說「自卑」的反義詞是「勇氣」，我們有必要思考自己是否有這樣的勇氣。

我回想起自己剛接受任命上任不久就到訪地檢署的事。為了預防犯罪，透過案件分析、與犯人進行面談，在搜查階段就及早逮捕犯罪者的工作雖重要，但我認為執行刑量的矯正機關也是具相當份量的角色。我很好奇矯正階段準備了哪些教育課程，另外加上這是韓國警察第一次特招側寫師，所以我也詢問是否有側寫師與矯正機關合作的工作。

雖然已經過了十幾年，但我心中對此仍有遺憾。我很希望能依據犯罪種類分別收容犯人，再透過個人諮商、團體諮商等課程給予犯人理解犯罪相關問題的機會。或許不會立竿見影，但若於幾年後重新評估再犯率，我相信一定能顯現確實的預防成效。

第2章

側寫師是善於聆聽之人

我是側寫師

大學畢業，我在準備公務員考試時突然接到在大學生活研究中心擔任助教的機會，那位教授在我讀大學時並未特別關照我，突然接到他的電話令我有些驚訝，但對於對諮商及心理學很有興趣的我來說，這確是個令人開心的消息。教授說我一二年級在支持單科大學[17]選舉的造勢活動中朗誦詩的樣子令他印象深刻，並建議我來學校工作。

跟現在一樣，過去設有心理系的大學並不多，我的母校也只有教育系開設諮商、教育心理、臨床心理等科目。在學校工作是我能繼續讀書的好機會，讓我得以白天在研究中心工作，晚上則攻讀教育研究所諮商心理的碩士課程，意外地踏上了日夜苦讀之路。這是我有興趣的領域且也與工作相關，因此我在攻讀碩士的過程並未遇到太大的障礙。

我當時還年輕，還能幫助班上較年長的同學做作業，並同時享受讀書的過程。因為在研究中心工作，所以自然有機會接受諮商與心理測驗的相關教育，也能以低廉的價格參加有興趣的學程。若當時知道自己現在會成為側寫師，那我一定會修習更多課程，並且考取臨床心理相關的證照，但我一邊工作一邊約會，又把時間分散來接受教育，當時似乎覺得自己過得已算充實，然而碩士畢業之際的我又忙著準備結婚，現在回想起來確實有點可惜。

碩士課程結束後，我想著既已踏上這條路，便萌生了拿下博士學位的企圖心，在教授的建議之下也填寫了入學申請書。然而博士課程沒辦法半工半讀，如果我錄取就必須辭掉研究中心的工作，全心專注在課業上，這並不是個容易的決定，但幸好我以榜首錄取，所以只需要繳幾萬元的學生會費，少了學費的壓力，我不

17 由單一學部獨立設置的大學。

必過於掙扎便決定辭掉研究中心的工作，另外博士生偶有機會在大學部教課，雖然不太穩定，但也有機會賺取比研究中心更好的收入。

教授教育學、實習教育方法論、心理學等課程對我的學業有很大的幫助，也給我認識許多人的機會，讓我接到對我來說難以高攀的課程，這是一段非常受命運之神眷顧的時期。

踏進側寫師之路

韓國的側寫歷史始於二〇〇〇年。二〇〇〇年一月，國立科學搜查研究所犯罪心理科分析室針對殺人、強姦、縱火等主要案件之犯罪者進行深層面談並將其資料化，是為側寫之開端。二〇〇〇年四月，「警察局犯罪心理分析諮詢委員會」成立，並在二〇〇四年七月以「重大犯罪分析組」為名，從既有的現場勘察人員中，選出對此領域有興趣或符合專業能力的刑警正式上線。

二〇〇五年五月，在我即將完成博士論文之際，我收到國家警察局首次以「第一屆犯罪分析要員特招」的名義遴選側寫師的消息。遴選條件為主修心理或社會系之畢業生，而碩士主修諮商心理、博士主修教育社會學的我也符合這個條件。

我的家人或朋友並沒有人任職警察或警官，所以一開始對這個職業感到非常陌生，但是對於碩士時有研究中心工作經歷、又曾擔任家暴諮商中心志工的我來說，可以與犯罪者面談這一點十分具有吸引力，再加上這是一個穩定工作的機會，所以我認為應該要申請看看。我原先很煩惱拿到博士學位之後該做些什麼，本來考慮先開一間小規模的個人諮商中心，同時出去教課，但這件事並不容易，所以側寫師的確是一個很好的機會，然而當時的我必須先解決博士論文，印象中是在匆忙之下填寫申請書報名。

幸運之神似乎仍然眷顧著我。資料通過審查後，我不需要像一般警察一樣，考刑法、刑事訴訟法、警察行政法等司法考試，書面審查錄取後，便直接施行專業科目口試，接著再接受性向測驗與一、二階段的面試遴選。只要擁有犯罪心理學相關知識且關注社會議題，實作測驗和面試便不會太難，然而現在側寫師的公開招聘已和其他職位相同，需要進行體力測驗，比過去困難許多，若是現在的我大概根本不敢妄想當側寫師吧？

我還記得自己在面試時曾被問到，既然我已有教師資格，為何還想嘗試犯罪相關工作？也被質疑身為已經結婚生子的女性是否還能承擔這份工作？雖然現在的我已經可以充分理解當時面試官的提問，但當時的我卻認為這個問題太簡單，為了能被錄取，任何接受面試又結婚生子的女性都一定會回答：「我會全力以赴。」誰會回答自己做不到呢？而且我甚至認為這只是面試官為了淘汰才提出的問題。

錄取的喜悅與陌生的經驗

遴選公告發布於五月，所有面試也在經過兩個月後全數終結，我的博士論文已經完成，只剩下錄取者名單尚未出爐。而在七月的某一天，我非常驚訝地在錄取名單上看見自己的名字，我記得那天好像是七月二十一日。

但是我必須在名單發布兩天後——也就是七月二十三日——到中央警察學校報到，否則將被取消錄取資格，我並沒有太長的時間可以考慮。雖然博士的畢業典禮在八月舉行，但我也無暇顧及，便直接在七月二十三日到忠州的中央警察學校報到了。因為有收到為期一個月不得返家的通知，於是我便帶著備齊衣物的行李箱爬上山坡。現在回想起那一刻，我仍覺得頭暈目眩，我拖著行李在酷暑之下走上山坡，全身已是一片大汗淋漓。

正式課程於二十五號星期一開始，但是二十三、二十四日這兩天卻發生了許多我這輩子第一次經歷的事，不過在那之後的每一天我也不斷經驗著新鮮事。我帶去的衣服只有內衣能穿，其他只能接受學校提供工作服、活動服、運動服、工作鞋、活動鞋、包包等，另外也要學習如何整理生活中心的棉被和物品，在我的記憶中，大概就是過著跟當兵差不多的生活，雖然我並未當過兵，但或許是因為我有這樣的經歷，所以很能理解當兵的生活。

這期間最難忘的就是我這輩子第一次染髮，我天生就長著褐色頭髮，因此國高中時也經常被老師質問是否染髮，即便如此我也是到了警校才第一次被要求把頭髮染黑，即使這是我天生的髮色，指導教官也不願接受。於是我在同屆的幫助下把頭髮染黑，初試身手的我們把衣服和毛巾都沾上了黑色染料，當時手忙腳亂的記憶我到現在仍歷歷在目。

全國共選出十六名側寫師，分別為五名男警與十一名女警，我是女警中的最年長者，我以三十五歲的高齡考上側寫師，同屆當中甚至有人小我十歲，就這樣，我開始了在中央警察學校的生活。我們十六位未經過司法考試的錄取者共花了六個月的時間，一起不分日夜地學習憲法、刑事訴訟法等相關法律知識，熟悉跆拳道、柔道、劍道、射擊等警察必備的基本能力。

接著我們終於在隔年，也就是二〇〇六年的一月六日畢業，並各自收到地方分局的分配命令。雖然現在側寫師隸屬科學搜查科[18]，但當時有許多地方分局並未細分搜查科與刑警科，也沒有任何分局擁有獨立的科學搜查科。我被分配到搜查科的科學搜查股，就此開始了我的工作。

與殺人犯的首次見面

側寫師的工作就是在殺人、強盜、性暴力、縱火、劫持誘拐等重案或社會焦點案件發生時，在現場找到一切犯人無形與有形的痕跡，若未能及早破案，則需綜觀現場及搜查情況進行案件分析。另外當犯人被逮捕後，就如同一般諮商，需

18 台灣同類型單位若隸屬警察局之下，稱作「刑事鑑識中心」或「鑑識科」。若屬分局之下，則稱為「鑑識小隊」，若因人力不足亦可能將出勤者臨時整編為「現場勘察組」。

與犯人進行一對一會面，聆聽他從出生到目前為止的所有故事，同時進行心理測驗，接著把透過上述過程所獲得之結果輸入系統進行數據化，以便全國刑事人員共享資訊。雖然我是憑著與犯罪者面談的憧憬踏上警察之路，但案發現場並沒那麼好應付。

我還記得第一次上場面談的事。犯人在殺人案發不久後便遭逮捕，並與我見面，而我必須透過傾聽他生平故事的過程獲取犯案動機以及案件相關的詳細陳述，但對方過去曾有包含殺人等二十多項前科。前輩們聽見我不以為意地說要和他進行雙人面談，便你一言我一語了起來，「不知道會出什麼事！」、「你不能把他當作一般諮商室會遇到的人！」「有沒有準備防身工具？」、「如果他拒絕面談怎麼辦？」等等。聽完他們所說，我心中也蔓生了恐懼，但大概是因為我才剛從警校受訓結束，內心的使命感和責任感壓過了恐懼，只堅定地留下一句：「我會好好處理。」便前往警察局了。

在我目前為止面談的數百名犯人中，第一天遇到的犯人好像是最令人印象深刻的了。他從看守所走出來，才剛在我面前坐下，我的腦海裡突然就閃過了前輩們的一字一句，但我仍故作鎮定地坐下來，說明自己的身分以及前來會面的原因，他沒有為難便同意接受面談了。其實我目前為止只遇過一兩名拒絕面談的犯人，從各方面來看真的算是運氣極佳，而且那一兩名拒絕面談的人也並非完全拒絕，而是不知道自己能提供什麼幫助，所以要說是從未被拒絕也不誇張。

在其他分局工作的同屆們好像也差不多。還記得大家因為總局會議而聚首時，上級才剛開口詢問我們的需求，我們就立刻回答：「請求配給瓦斯槍。」「請求配給電擊棒。」然而個人不得隨身攜帶警察裝備，若有需求也必須得到許可，當時的申請與配發程序還十分複雜，再加上前輩們都看在眼裡，所以也沒辦法那麼做。

現在回想起來真不禁令人發笑，因為我從沒遇過要脅側寫師的犯人，畢竟犯人已遭逮捕且移送看守所，若對警察做出威脅舉動對他們一點益處也沒有，除了少數特殊狀況之外幾乎不會發生這種事，不過即便如此，我們還是要為自己的安全做好準備。

側寫師基本上都有諮商師的精神，都是建立關係（Rapport）[19]的得道高僧，因此面談時陷入險境的狀況自是少之又少。

立大功的諮商學習

然而當時的困境不僅於此。與過去相比，近來殺人案件的發生頻率並不高[20]，現場勘察人員的工作制度有所改變，所以也不太需要半夜出勤。但是當時只要發生殺人案，不論深夜或清晨都必須出動，就連去澡堂時也得把手機交給櫃檯，請他們若接到電話務必通知我們，我們得和前輩們一起到案發現場，若遲到的話場面會非常尷尬，所以我才任職一年就匆匆搬到分局附近了，目的是為了要比前輩更早出動。

探查現場內外部的辛勞已無須多言，仔細觀察屍體狀態、分析攻擊方向和方法等工作也不容易。若是案發後立刻發現現場那還好說，如果已經過一兩天，屍體開始腐敗，或甚至更久才收到報案，已嚴重腐敗時，情況就更棘手了。這樣的狀況持續發生，父母和家人總問我：「有辦法邊養小孩邊工作嗎？」「這樣不會太累嗎？」提出不少反對的意見。

但或許是因為我在讀諮商時曾練習把諮商室裡的問題與自我分離，所以我並不覺得走訪現場或從早到晚盯著案件的照片令我感到痛苦，也不會每晚做惡夢，只是單純地把它歸類為工作，我有時甚至覺得自己是不是太無情了？或許是因為我認為人必有一死，只不過他們死得冤枉，所以我想幫他們申冤的念頭相對強烈

19 面談者與被面談者之間的相互信賴關係。

20 重案中，殺人案十年前發生的頻率為每年七十至八十起，近來則為一至二年間發生四十起。

而已吧？

何謂側寫師

就像國內外部份電視劇描述的一樣，側寫師並不負責從臨場[21]到分析案件、追蹤犯人的所有工作，把側寫師想成是「為搜查組提供多元資訊，負責支援工作的人」會較為貼切。因為少了案發現場就無法進行分析，所以側寫師會比勘察人員更常走訪現場，但我們並不會因此就親自進行搜查。

分析嫌犯類型是側寫師的基本工作，嫌犯行動與自白分析、心理面談、案件相關人士自白可信度評價、提出訊問策略等，我們會針對這些細部事項提供實質幫助，換句話說，對實務人員而言，側寫可定義為「撰寫科學方法分析之犯罪行為報告」以及「提供專家建議的重案搜查諮詢服務」。一言以蔽之，就是以社會科學方法支援辦案的搜查技巧之一。

側寫的前提為：「每個人的性格都不同，且每種性格的核心都不會改變。」而且犯罪現場會反映犯罪者的個性，雖然犯案手法可能會隨著時間改變，但是簽名特徵（Signature）卻有一貫、重複的特性，俗語說：「人是不會輕易改變的。」這句話大概就是沒有學過犯罪或心理學的長輩們透過經驗所悟出的人類習性吧。

雖然大學時主修相關科目，但想把學過的知識應用於案發現場並非易事。每個案件的調性不同，工作內容也十分多樣，因此為了熟悉實務工作，側寫師必須花一段時間經歷各種訓練。雖然我不認為韓國的側寫能力落後於較早發展的美國或加拿大，但在教育訓練體制方面的確還有長足的進步的空間。

正因如此，成為側寫師後便需要經常在現場磨練學習，正所謂有經驗的醫師

21 到發生案件或問題的現場。

和諮詢師具備更好的應對能力，經手較多案件的側寫師便更能發揮直覺，參與較多廣域犯罪分析會議的人好像也更具洞察案件的慧眼。

找出犯人的痕跡

側寫的工作範圍大致可分為案件分析與搜查面談。案件分析包含嫌犯側寫、地緣剖繪、關聯性側寫、口供分析、訊問策略支援、心理剖繪等；搜查面談則包含利用面談技巧取得口供、犯罪行為分析、心理測驗、支援追加搜查的訊問策略等。一般認為嫌犯側寫就是側寫師所有的工作，但側寫工作的範圍與大家的想像不同，與十年前相比已有逐漸擴張的趨勢。

嫌犯側寫

嫌犯側寫的基本工作就是蒐集分析留在現場的行動證據，以在案發現場找出除了有形證據之外的無形證據，也就是在掌握犯罪者的特性後，推定嫌犯、縮小範圍並逮捕犯人的搜查技巧。如前所述，這並非鎖定犯罪者，而是透過統整、分析案發現場出現的元素，設定可能犯案的對象類型，以幫助辨別嫌犯。

我還記得剛開始被分派到地方分局時，在聽我解說殺人案的某位同仁就曾發問：「所以犯人是誰啊？」雖然他不聽解釋只追究犯人是誰的反應非常無理，但沒經驗的我聽見問題後卻慌了陣腳，最終沒能好好說明側寫工作的特性，讓我留下了遺憾的回憶。

地緣剖繪

地緣剖繪為分析犯罪者之居住地、活動範圍以及下一個犯罪現場的系統。根據經驗，並非所有犯罪類型都可預測，但是發生三起以上的連續性犯罪或連續縱火案便能達到有效的分析，只要有犯案場所相關的正確地理資訊就能使用，熟悉使用這套系統也不需要太多時間，第一階段分析是透過系統預測居住地與下一起犯案場所，第二階段則是討論該如何運用第一階段的分析結果。

地緣剖繪使用統計驗證法，並依照社會科學領域所要求的科學方法論執行，具備統計相關背景知識者能快速執行，擁有社會科學驗證法相關訣竅者則相對容易地踏入此領域，講求使用統計軟體以及分析統計結果的能力。

關聯性側寫

關聯性側寫的分析內容為案件間的相似性與差異，以及案件是否為同一人所為。若認定案件有連續性，或如同李春在連環殺人案[22]為犯人自首，需分析自首案件間的關聯性時便會使用此方法。偶有收監中的犯人會追加承認犯案，這時關聯性側寫亦有用處，我們交出許多結論報告皆為犯人有其自首背景或目的，因此難以賦予可信度或無法判定有關聯性。

心理剖繪

心理剖繪從兩至三年前起衍生出不同的使用方式。一般的心理剖繪是分析自殺者的周邊環境，透過與家人朋友的面談找出得以預防自殺的要素；但對側寫師來說，心理剖繪又是不一樣的工作了。

側寫當中的心理剖繪是在重刑犯或嫌犯主張被害人可能自殺時，透過與家人、朋友、工作同事等相關人士面談確認其是否有自殺的可能。若分析結果顯示被害人有活下去的意志，卻在不脫離正常生活軌道的狀態下死亡，則調查時必須納入他殺的可能性，因此我認為與一般的心理剖繪有所差異。

22 常以「華城連環殺人案」為人所知，但根據搜查結果，犯案區域並不限於京畿道華城，因此改為此名稱。

我為此接受了數年的心理剖繪相關教育與在職進修，並持續提升個人能力。近來心理剖繪以獨立領域之姿成功揭發案件真相，並被採納為法庭上的證據，這也代表著若想步上正式軌道，除了個人努力之外亦需併行教育訓練。

口供分析

口供分析是透過分析對象在言語方面的態度，以了解他們對案件所抱持的態度與心理狀態，分析時主要使用SCAN（Scientific Contents Analysis，科學內容分析），這是以色列前測謊檢驗官阿維諾姆．薩皮爾所研發的測謊技巧，此技巧以說謊時出現的文法、語言學特徵為基礎，探測口供中潛在謊言的可能性，並透過觀察一連串的過程獲得犯罪相關的情報。在口供分析這塊領域，你必須熟記每一項分析準則，接觸過無數相關案件才能得心應手。

每項側寫工作都不能光靠理論，口供分析亦需要大量經驗和各種犯罪類型的知識。為此，側寫師需定期接受職前文化教育，甚至從外部邀請專家進行講座，透過再教育充實內涵、了解該技巧在審判中如何運用也十分重要。

訊問策略支援

訊問策略支援為根據自首要素與犯人個性活用訊問技巧的工作。根據犯人的特性不同，有時提出客觀證據的戰略能奏效，但有時傾聽犯人敘述、喚起良知的方法則更加適切。正因如此，偵查人員也會使用扮黑臉，類似角色情境劇的策略。側寫師很難在面談初期就決定策略，因此，雖然此技巧講求經驗與訓練的累積，但若側寫師能提供搜查組訊問策略，搜查組在調查時就能站在比犯人更有利的位置，這也代表這就是側寫師最該發揮能力的領域。

在親自面談與監看調查方面越有經驗的側寫師就越有判斷案件的眼光和制訂策略的能力，因此參與案件的經驗是最重要的。不過因為每個區域的案件質量有所不同，因此也需要觀看錄製影像進行訓練、不斷向前輩討教或參與廣域分析。俗話說：「書堂狗三年吟風月。」即便沒有親自參與，但透過多樣的方法間接接觸案件也有助於提升眼界。

訊問策略是心理學理論基礎加上經驗累積所衍生出的技巧，因此學完理論後該如何與案件接軌，只要和前輩們一起討論即可。每個訊問對象的性格都天差地遠，因此很難斷言某種人就該使用某種訊問策略，另外也必須考量案件進行的順序、調查當下的氛圍以及偵訊人員的個性，所以更是每個案件都需要不同的策略。

基礎知識上要蓋怎麼樣的房子？這個問題可與「雖然建築師在造屋時會有基本設計，但在建造過程仍會經歷無數修正」比擬，也就是考慮屋主需求、進行溝通的過程。但是反過來看，側寫師必須掌握側寫對象的性格，讓偵訊人員以此為根據規劃能成功結案的策略，這還真不是一件容易的工作。

面談技巧

面談技巧是為了支援調查心理狀態不穩定的犯人、關係人、嫌犯，以心理測驗分析結果為基礎進行面談，獲得犯人從出生到坐在側寫師面前為止的全行為（Total Behavior）[23]情報，並以此分析其犯案前、中、後的行為的過程。

有些人會好奇為何已遭逮捕的犯人需要面談，但有不少犯人並未明確認知自己的犯案動機也不清楚如何不犯罪，或好奇自己的行為開端與根源。另外以警察的角度來看，追蹤這些資料也有助及早破案。

側寫師大部分主修心理或社會系，因此有許多人都沒有親自進行過面談，社會系的學生很難獲得面談的機會，而即便主修心理系也必須修習諮商相關的細項科目才有機會實際面談，因此剛開始主要只以前輩進行面談，後輩在一旁做筆記，

23 包含組織化的行動以及滿足欲求的所有行動。

結束後若有疑問再向前輩發問的方式實習，根據參與程度的不同，大約經過半年至一年後才得以親自上陣。

當然，若是較為敏感的案件，除非側寫師本人有信心，否則還是由受過訓練的側寫師處理較為恰當。雖然成見和妄下定論皆為大忌，但若負責面談的側寫師對案件沒有自信，也可能一失手就把案子搞砸，所以必須保持專注。

即便是擁有十五年側寫師資歷的我仍對案件懷有恐懼，因為一個誤判就可能把無辜之人送上法庭或毀掉一個人的人生，所以務必要慎重再慎重，小心更小心。努力觀察不放過任何細節、致力於同心協力而非孤軍奮戰，這些都很重要，因此不論有誰忌諱哪種性格的側寫師參與案件，我都會尊重對方，因為每個人都有自己的考量。

支援海外的韓國人遭殺害案件

我偶爾會投入新聞報導出現的韓國人海外他殺案件，一般來說，勘查、分析影像的科學現場勘查、側寫師會一起出動，但案件條件的限制無法同時讓多人參與，因此我努力提高實力的平均水準，讓自己成為一個不論到哪都不遜色的韓國側寫師。

我曾參與菲律賓克拉克地區的韓人兇殺案以及馬尼拉的韓人綁架案，以後者為例，我成功在現場破案返國，覺得十分有成就感。抵達現場後首先會向派遣當地的警官尋求協助，問題在於不論你的年資或實力如何，都必須以「韓國側寫師」的身分執行任務，不論是現場鑑識或影像分析任務都必須兵來將擋、水來土掩。

必要時還需請求當地韓國警官進行追加調查，並和他們一同進行搜查，所以和在國內負責案件時相比，會是雙倍的壓力和疲倦。我認為馬尼拉韓人綁架案之所以能破案，是因為同時派遣了兩位側寫師，但其他案件是否能持續獲取好成果就是未知數了。每次海外案件的狀況都有所不同，因此此類案件使用匯報（debriefing）[24]形式的應對訓練。

側寫師的實力與參與案件的經歷為正相關成長，所以終究免不了大量的師徒式學習，但我們仍持續致力於構思側寫師的教育體制、建立完善的系統。為此，我們組織京仁[25]、忠清、慶尚、全羅地區以進行案件分析，近來更突破區域限制，針對案件的特徵組織人力，努力讓多人參與案件。

對於側寫師的誤會與事實

用普通常識來判斷？

有些人以為側寫師是算命師，不願意花時間聽我們解釋，時常問：「所以犯人是誰？」誤把側寫當作直覺或通靈。雖然側寫重視經驗，但光靠直覺並無法支援辦案，韓國使用證據裁判主義，若沒有客觀的證據甚至難以提出告訴，而側寫亦是依憑證據、邏輯、推論來協助辦案。

也有些人質疑側寫是否以基本常識為基礎，在這裡我想請問：「究竟何為基本常識？」在辦案或執法的現場，很多我們認為是基本常識的東西其實都既不基本也不屬於常識，且基本常識的區分界線模稜兩可，所以沒辦法用「基本常識」來概括一切。

側寫師是天賦？

另外也有人會問：「想當側寫師是不是要有與生俱來的天賦？」以結論來看，側寫能力並非天生，而是依據教育所習得的「技巧」。而且我認為側寫比其他領

24 報告現場執行的任務，針對內容進行問答與討論的過程

25 首爾及仁川。

域來說更需要付出努力，並透過知識、經驗和訓練不斷提升自己的實力。

人就算看到相同的事物也不會產生一樣的想法，找到深埋在案件底層的無形證據、看出案件不同可能性與真相的眼光終究不是來自天賦，奠基於知識之上的經驗與訓練將能養成發現隱藏犯罪跡象的力量。

率先開始發展側寫的美國與加拿大曾議論過側寫的效用，韓國亦同，側寫在韓國扎根之前也有許多人提出：「韓國需要側寫師嗎？」「側寫師能做什麼？」「側寫師的分析可信嗎？」等意見。

不過我們可以這樣想，我們並不會因為沒有在案發現場發現指紋、足跡、監視器影像，或因為電腦鑑識找不出犯罪相關證據就否定現場勘查或網路搜查的效用，只會認定是犯人為了不在現場留下證據，為達到完美犯罪而努力抹去痕跡，並接著思考其他調查方法。如前所述，不同案件特徵所適用的的側寫技巧也有所不同，不能因為犯人沒有自首或未取得犯案動機相關口供就質疑側寫的效用。

近期有越來越多領域與側寫接軌，因為有越來越多難以理解的犯罪動機，甚至連犯罪者都不清楚自己為何犯案的案例正逐漸增加，因此即使重案件數日趨下降，但需要側寫師的地方卻越來越多。

側寫是科學還是藝術？

看到這裡，或許你們會想問：「側寫究竟是門科學還是藝術？」側寫以科學知識為基礎，並與心理學、社會學、諮商學、統計學等學術領域銜接。

若硬要從藝術的角度解析，那麼搜查可說是一門「綜合藝術」，當查案日積月累的個人直覺、電腦鑑識等網路搜查、包含側寫的人文社會學調查支援、測謊機、監視器、刑警們的奔走辦案完美融合時，就能得到「逮捕犯人」這個成果。

側寫師閃耀之時

世宗偽裝自殺殺人案

雖然處境依舊艱難，但近期除了媒體報導外，側寫師的活動終於創下了更大的成果，那就是二〇一八年隸屬忠清南道世宗署轄區的大阪旅行偽裝自殺殺人案。犯人因貪圖妻子的死亡保險金，在登記結婚十天後以蜜月旅行為由造訪日本，並在住處將尼古丁及過氧化氫注入妻子雙臂，將其殺害後再偽裝成自殺，廣域分析結束後，側寫師完成了心理剖繪和面談報告，而這份報告也被法院採納為證據。

二〇一八年一月底，側寫師透過口供分析掌握了關係人與犯人口供的矛盾之處，並以被害人自殺可能性評價等資料為依據，提出需斟酌調查之事項，接著於二月底至三月初期間，又以二次分析為基礎撰寫心理剖繪報告。經過與被害人身邊十一名人士面談之結果，被害人雖與家人不睦，但會發生嚴重的自殘行為是源自於與犯人的紛爭，且蜜月旅行途中並無自殺危險性。

到這裡還沒結束，警方於三月逮捕犯人後，側寫師便進行訊問支援，透過與犯人的面談獲取其有犯案計畫之自白，且原先否認犯案的犯人轉而表態為「幫助自殺」，側寫師才能以此為基礎樹立獲取口供的策略，並支援調查小組。另外在三月底，側寫師與犯人進行深層面談，並以精神病傾向測驗（PCL-R）為根據撰寫了綜合報告。

大家聽到側寫師支援案件時通常會認為是單次支援，如美國影集《CSI犯罪現場》系列所描述，側寫師僅需幾個小時就能出動現場、蒐集證據、鎖定並逮捕犯人，但這完全悖離現實，因為側寫師雖會出動現場卻不會親自逮捕犯人。

蔚山偽裝結伴自殺的性侵案

另一項成果為二〇一八年八月左右發生於蔚山的偽裝結伴自殺性侵案，此案也是以廣域分析支援調查，並且側寫師撰寫的綜合分析報告被採納為證據。犯人從通訊軟體的私密聊天室認識了某女性，並勸誘其結伴自殺。同月，犯人在住處主臥房內服用安眠藥後試圖燒炭自殺，不過幸好樓上的住戶聞到燒炭味後及時報案，最終以未遂了結。

來看看二〇一九年一月蔚山地方法院的判決書吧！「被告人極有可能以自殺為藉口，物色性犯罪對象，並於自殺過程中嘗試性犯罪⋯⋯（中略），然而因被告承認本案中所有罪行，已有深刻反省，幫助被害人自殺之行為亦以未遂終結，另被告遭判定有慢性憂鬱症狀，導致其自殺衝動，而實際自殺過程的強制性侵行為也貌似偶發意外，上述等理由皆為對被告有利之情形。」以上整段內容皆直接引用側寫師所撰寫的報告。

你們或許會想：「這種東西也叫成果啊？」但側寫師的任務就是辨別有罪之人，起訴他們並讓他們得到應得的處罰，所以我認為這就是最大的成果。

過去的我除了眼下的工作之外還得併行一般警察業務，常忙得暈頭轉向，然而在側寫師被認定為專家之後，卻反而讓我重新審視側寫在審判程序中的角色與定位。

若想挑戰當側寫師

雖然不論選擇何種當職業都該考慮自己的性向，但我認為側寫師又更是如此，若一份工作的心理壓力比生理勞累更沉重，那麼做起來便不容易。側寫師的優點就是能發揮自己的專業，所以若你的性向符合這份工作，那麼這些瑣碎的困難就都能被克服。雖然警察屬於階級社會，但因為側寫被認定為專業領域，所以高層相對而言不會對我們施壓，其他人也沒辦法輕易侵犯這個領域。另外，雖然這並非常態，但當遇到重大案件或廣域分析的日程時，還是會有幾天回不了家的情形，跟公務員規律上班的生活有所不同。

想成為側寫師必須具備心理學、社會學、犯罪學碩士以上的學位，或是學士畢業生加上相關領域兩年以上的工作／研究經驗，且必須是在國家機構、地方自治團體、公共機關等級之機構，於預定任職之相關領域兩年以上的正職工作／研究，學校、研究機關行政助教、研究所課程等經歷則不被認可。警察與一般公務員不同，沒有年齡限制，滿二十歲以上至四十歲以下才可申請，根據退役軍人的服役期間不同最多可延長三歲，另外側寫師與所有警察相同，必須擁有一類[26]以上之駕照。

目前我國約有六十名特招人員，在側寫領域進行實務作業的約有三十五人，其餘二十五人當中有部分因留學或育兒停職，有些因無法忍受屍體而轉至其他部門，另外也有人直接辭職轉往其他跑道。

側寫師之門如此難以抵達卻仍有人選擇離開，我想就不必再多強調審慎選擇這份職業的必要性了。

冷靜與熱情之間

側寫師有一項非常必備的特質，那就是對人的關切與愛，案件始於人與人之間的關係，我們所見到的有些是犯人、有些是被害人，但若不努力培養把人與犯罪分離的能力便容易感到厭倦，甚至對人類產生懷疑，導致想離開這個世界。

另一項則是思考的柔軟度以及開放性思考。即便是資歷再深、再優秀的側寫

---

26 須通過道路交通公團實施之一類普通駕照考試，方可取得由地方警察廳長發給之駕照，可駕駛一般汽車、十五名以下乘客之大型車、十二名以下乘客之緊急車輛、未滿十二噸之貨物車等。

師，若只侷限在自己的世界，那麼他的分析能力也將駐足不前。進行小組內部分析時，偶爾會讓人懷疑這群人是不是在吵架？出現連影劇中都罕見的激烈爭辯。因為我們不能交出側寫師內部未達成共識的分析結果，所以直到掃去所有疑惑，在所有人都認同之前，討論都會持續進行。不了解的人若看到開會過程，或許會認為側寫師們是不是在爭鋒相對，又或是彼此關係不睦，然而我們也十分注重討論結束後回歸若無其事、恢復平常心的訓練。

第一次參與分析會議的後輩當中曾有人表示自己受到驚嚇、內心十分緊張，害怕大家會感情用事。即便側寫師已在激烈的討論過程中伸張自己的論點，但只要在對方的論述中發現自己的破綻，便需懂得接納他人的主張，有人開玩笑說「愛記仇的人不能當側寫師」也是源自這個理由。依照這種討論方式，會議時常不知不覺就延續到凌晨兩、三點，時間在還來不及想睡覺之前便已流逝。說到這裡你們可能已經發現，日常溝通能力和說服力也都是側寫師不可或缺的特質。

得出滿意的分析結果不代表調查方向會依照側寫師的意見決定。首先，在調查小組的簡報會議上說服負責人也是側寫師的角色，負責小組必須確實理解且同意分析結果才能專注於調查。

舉例來說，若分析結果顯示至少有兩名以上的犯人及一名以上的共犯，但調查小組卻認為只有一名犯人並以此認知進行調查，那麼調查的內容與範圍一定會產生明顯的差異。但若經過縝密分析和討論判定案件有共犯時，那就與前述側寫師內部進行的討論不同，必須用其他方式說服偵訊人員，因為缺少說明的報告所能達到的理解有其極限。

若充分的說明及說服仍不能讓對方接受分析結果，那我們也束手無策，但至少我們提供了線索、留下另一條搜查的可能性便已達到其意義。理性的好奇心、邏輯思考、分析的熱情與能力、發掘事物深層的眼光與判斷力等都是側寫師需要的特質，其中的某些能力甚至需要花不少時間才得以培養。

你不只要熟悉警察使用的統計軟體及各項電腦程式，撰寫分析報告的技術也是基本要求。因為我們有時需要在短時間內交出一目了然的分析報告，所以必須努力鑽研快捷鍵等基本文書編輯能力。

我們偶爾會遇到質疑側寫的指揮官（高層）。確實到現在還是有人懷疑側寫是否有科學根據？只是隨便統整又或是有何特殊技巧？從結論來看，根據分析方法的不同，有部分方法是透過科學統計系統操作，但也有以心理學理論基礎加上經驗技巧累積所發展出的方法。另外側寫並非用來鎖定犯人，說是提供有助鎖定犯人的線索方向、縮小嫌犯範圍的調查支援會更加貼切。

聆聽是最重要的

我想談談幾個後輩們入門側寫師之路的成長故事。考上警察，甚至是夢寐以求的側寫師職位，這樣的喜悅會讓人在不知不覺中度過一年左右的時間，警察為期一年的實習期間[27]必須馬不停蹄地熟悉警察及側寫師的業務，所以似乎也沒有心力顧及其他。

到了第二年就會開始負責與被捕犯人進行面談、撰寫分析報告，體驗到真正當側寫師的滋味。比起第一屆的我來說，現在的工作環境已改善許多。另外前輩的存在，也讓後輩們的適應速度比預期中更快，並能以專家之姿發揮一定的實力。我一直很慶幸後輩們皆青出於藍，因為雖然側寫師的工作環境已有所改善，卻仍不是那麼輕鬆。

就這樣到了第三、四年，便常有後輩們開始暗地裡煩惱，並陸續來找我們諮詢，因為他們放棄休假、認真讀書又不停歇地學習工作內容，卻仍不清楚自己是

27 在正式任命某項職位前，實際從事並熟悉工作的過程。

否真成了專家，其他同事都能問出口供、鎖定犯人，他們苦惱為何只有自己毫無成果？他們感受到自己的渺小，表示不知哪裡出了錯也找不到出路，偶爾還會流下眼淚。這種時候我便會輕輕一笑，雖然在流淚的後輩面前這麼做有點奇怪，但那是因為我十分明白他們有多努力，也了解煩惱的深度就代表成長的幅度。

我想到了這個階段，就代表即便他們沒有他人的幫助也能走出自己的路了。溝通、分享、互助都是必須銘記一輩子的價值，雖然偶爾會像在死巷中徘徊，但我知道他們已有了走回正途的力量。即便是工作超過十年的我面對案子也需要苦惱，也需要研究或翻閱論文和書籍。雖然人家都說我命中注定要讀書，但側寫師這條路還真是即便經過無數的學習仍會感受到自己的極限。不過對側寫師來說，還有比讀書更重要的事。

聆聽是最重要的

我想起不久前閱讀李海仁修女所撰寫的《別放棄那份愛》，在當中所看到的一句話，我記得那是詩中的某一小段：「早晨起床時耳中反覆的是『聽啊！聽啊！聽啊！』夜晚就寢前則是『聽見了嗎？聽見了嗎？聽見了嗎？』。」或許側寫師必備的第一條與最後一條德目都是「聽」吧？

仔細聽！傾聽比一切態度都重要，所有策略都必須從傾聽出發，你必須仔細聽調查對象說話，聽偵訊人員說話，聽前後輩說話，若被害人倖存，那你必須聽被害人說話，若被害人不幸死亡，那你便得聽屍體和案發現場所傳達的訊息。答案就在現場！雖然有時還是會因為我們的錯漏或不察而拖延破案的時間。

神在造人時為了讓我們多聽少言，所以給了我們兩隻耳朵、一張嘴巴，我在寫書的此刻也不禁反省自己是否疏於傾聽了呢？不，我的聲音之所以在傍晚時變得沙啞，一定是因為這張嘴說了太多話，雖然感到羞愧，但我正不斷努力以求改善。

人們常說：「言多必失。」面談時也是如此，我們經常藉由與犯人或嫌犯的對談來確認真相，雖然對方的說話方式和態度存在著破綻，但我們亦能透過他們對犯案行為的說明或辯解找到線索，所以不論從哪個方面來看，「聽」都非常重要。

側寫師應對壓力的方法

側寫師也需要屬於自己的壓力控管方式，而這也是我當巡警特招面試官時提出的問題之一，我認為不論做什麼工作這都是非常必備的素質，同時也與自我管理能力有關，所以才會提出這個問題。

我會詢問考生備考時如何管理自己的壓力，另外我認為面試前的壓力對考生來說是最大的壓迫感，所以也會問他們離開考場後的計畫。總有些考生會在聽完提問後，試圖以自己「沒什麼壓力」來迴避問題。近期要一次考上警察特考並不容易，考生在走到面試關卡前絕不可能毫無壓力，而且若一個人完全沒思考過這個問題，可能就代表他的壓力控管能力不足，或者在這方面沒辦法獲得太高的評價。

側寫師亦是如此，進行廣域分析時，工作到凌晨簡直是家常便飯，等簡報結束後便會精疲力盡，所以我會盡可能在分析結束後做些動態活動，近來室內運動的種類日漸增多，螢光保齡球、室內射箭、射飛鏢遊戲等，一陣玩樂說笑後，就大致能將複雜的分析內容拋諸腦後了，當然和同事們的閒聊也大有幫助。

若想要排解壓力，比起喝酒或睡覺，我更建議找些動態活動來做，就算不是動態活動，也至少別做那些自己平常會做的事，而是要嘗試一些新方法，在樹林散步、與樹木和青草對話、聆聽風的聲響或只是走走也好，關注人雖有助於側寫工作，但若想紓解壓力，與大自然的交流似乎更有使人安定的力量。

關乎人心的工作將不被ＡＩ取代

到處都在議論是否人工智慧ＡＩ出現後是否會讓人類就失去立足之地？二〇

一八年的國際犯罪現場調查會議（International CSI Conference）還曾因此以「人工智慧與側寫」為題舉辦座談會，也有人預先調查得以生存的職業以加緊腳步做出應對。但大家也認為那些「關乎人心」的職業人士在日後將有更多事情可做，因為他們確定未來將出現更多與人連結的工作。

隨著人工智慧和大數據登場，人們的樣貌被逐漸改變，錯綜複雜的人心也將引發更多問題，所以側寫師還算是不錯的工作吧？是不是很值得一試呢？雖然我們的工作環境在尖端技術的幫助下已逐漸改善，但同時也須付出更多的謹慎小心。

若要再追加幾項當側寫師必備的德目，我想應該就是放下、分離和暫緩判斷的習慣了，我想舉研讀諮商時的其中一項訓練為例。我們的大腦很神奇，只要你夠了解狀況，就不會做出違反效益的選擇，應該沒有人明知慘劇就在眼前，還執意做出引發慘劇的決定吧？這就像在電腦程式輸入演算資訊一樣，可進行系統性的管理，只要平常做好訓練，便會在不知不覺間做出符合效益的選擇。

通常大腦運作時會選擇滿足自身慾求，但有時它會搞混表面慾求和實際慾求，因此做出違反自身意圖或模稜兩可的選擇，若能培養分辨表面慾求和實際慾求的能力，就能過上更豐富幸福的人生。人在滿足慾求時，可做出只滿足自己或滿足雙方的選項，然而人並非獨居動物，所以做出符合後者的選項時，便是真正「好的選擇」。

請想像孩子媽媽抱在懷裡的畫面吧！孩子在媽媽懷裡肯定再幸福不過了，而媽媽抱著如此幸福的孩子，一定也會露出欣慰的表情吧？一個人擁有越多自己和對方都滿足的回憶，是否就會更想增加這樣的回憶，也更努力做出這種選擇呢？你或許會質疑這些有何關聯，但透過這樣的過程方可練習放下與分離。

來訪諮商室的面談者所遇到的問題都不易解決，比如說：「好憂鬱，好想死。」「跟丈夫過不下去了。」「小孩太難帶，好想放棄。」等等，且這些問題通常都無法一次解決，至少需要進行十次以上的諮商。

但若諮商師把在諮商室遇到的問題全帶回家，那麼他們將難以擁有融洽的人際關係以及和睦的家庭。所以我剛開始會練習像放行李一樣，在離開諮商室時把面談者的問題放在門內，直到隔天上班才在進門前挑選當天非帶進諮商室不可的問題走進門內，反覆這樣的過程。或許你會懷疑這麼做有用嗎？但驚人的是經過這樣的反覆練習，即便不刻意模擬放下和提起的動作，我也能在離開諮商室時自然而然地帶著輕鬆的心情回家，而且這麼做還能幫助把工作和自我分離，這就是真正的「工作與生活的平衡」了吧？

側寫師所遇到的人和一般諮商室有些不同，有時得跟不肯認罪的人打心理戰，而且必須親臨犯案現場確認案發情況，推敲已經「事過境遷」的犯罪始末，壓力與在諮商室相比並不容小覷，因此若不把個人生活和工作分開，就很可能會夢到案發現場或被害人。

工作的事只需要留在工作場合思考，這樣的練習並非只有學過諮商的人才做得到，只要釐清作法，便人人都能實踐。把工作和自我分離，覺得自己過於情緒化就暫緩判斷，若能做到這些，我們就得以稍微從壓力中解脫。

不過要暫緩判斷並不容易，盛怒之下總覺得自己都對、別人都錯，甚至就算發覺自己錯了也不願承認。跳脫當下的情境、保留自己的立場、客觀判斷他人或許都很難，但若這麼想大概就容易多了。「我並非承認自己的錯誤，而是暫緩此刻的判斷。」關係一旦打壞了，就得花不少時間拉回原點，但即便如此我們還是會發現自己在幾秒之內便破壞長久建立的關係，並因此感到痛苦。

這樣的練習對於修正側寫案件的結論很有幫助，因為當案情膠著時，我們也需要打掉重練、從頭開始分析，但若是執著於結論便沒辦法打破自己的框架，也難以回到原點。

第3章

案件就是社會的素顏

案件即社會

隨著時代改變及社會發展，犯罪的形式也產生了變化，過去流行在人潮混雜處發生的搶劫案件，近期則是頻頻發生不同型態的竊盜及詐欺案，利用手機、電腦等，過去難以想像的犯罪類型也持續出現。

人類生活之處必有衝突，從微小的暴力到竊盜、強盜、殺人等，犯罪總以不同的理由發生。然而犯罪手法、類型與頻繁發生的犯罪形式等卻似乎會隨著時代的變動而改變。電話詐騙以及網路詐欺案或許都是過去意想不到的案件類型吧？

科學的發達和生活的便利使得犯罪快速進化，也改變了犯罪形式，但在預防、教育、應對層面卻似乎追不上犯罪進化的腳步，該說是總有亡羊補牢之感嗎？犯罪年齡降低，犯案手法也變得更加巧妙，但我們卻仍使用和過去相同的教育與矯正方式，若想解決根本問題似乎有點困難。

若想比較殺人、強盜、性暴力、縱火、劫持誘拐等犯罪類型的發生頻率，並以此診斷社會實屬不合理，因為上述犯罪種類的相關罪行從過去便存在至今，差別大概只有更加精緻的手法，我認為若想診斷社會狀況，觀察「犯罪者為何人？以誰為對象？為何使用該犯案類型？」才是合理的方法。

雖然規劃對策時以統計數據為基礎較為合理，但我想點明，若過度依賴數字反而可能會脫離本質。雖然監視器的設置降低了竊盜或強盜案的發生頻率，但也讓犯人費盡心思想辦法在不顯眼的地方犯案。過度倚賴統計很可能會讓社會以科學發達減少特定犯罪發生率為由，落入一味追求環境尖端化的危險。

透過刺激情緒而引發的犯罪行為就如先前所述，即便有了現代設備仍持續發生，且暴力程度、殺害與遺棄的方法都變得更加駭人。然而上述言論為針對曝光於媒體資訊的大眾立場，實際犯罪者的自白中都有他們各自的理由，所有被概括為殘忍、兇惡的行為其實各具不同意義。雖然側寫師不會接觸所有案件，但大多見到的都是重案或社會關注案件相關的犯罪者，因此我要嘗試以國內常發生的案件類型為基礎來診斷我們的社會。

或許本書的讀者會認為這個章節與自己無關，但是二到三十年前所預見的事情已在此刻發生，那麼我想我們或許也能為往後二到三十年即將發生的事做準備。另外，即便我們不會立刻面臨這些事，但如果這些事即將發生在下一個世代，也就代表了我們家庭的未來，因此也不算是毫無相關。

一九八〇年代末，我讀國高中的時期，我還記得當時的社會結構正由大家庭轉為核心家庭，我們曾在社會課上討論其引發的問題，雖然現在已經不使用「大家庭」或「核心家庭」這些用語，但社會大概就是從這個時期開始產生遽變，當時大家便十分擔憂各種不同於多人家庭的生活模式很可能導致人性的改變。

在我最初被任命的二〇〇六年到二〇一〇年間所發生的殺人案當中仍有許多懸案，我記得全國仍有約超過兩百起的懸案，雖然許多人指責並擔憂設置監視器有侵害人權等問題，但多虧大家致力於檢視犯案現場及整頓環境，殺人案成為懸案的情況確實有所減少，然而殺人案的發生數量卻並未大幅減少，僅是相對較早破案或就算費時也幾乎不會變成懸案爾爾。接著來看看頻繁發生的重案類型吧！

最後的避風港消失了——家庭暴力犯罪

第一種浮現在我腦海的高發生頻率重案，很遺憾地就是家庭暴力案件，前述提及關於核心家庭的憂慮似乎到了此刻才顯現出它的黑暗面。即便結婚也可以不生子或只生一到兩個小孩，三到四人的家庭生活已變得理所當然，我們也十分熟悉「獨飯」、「獨酒」這些流行用語了。

現在若不做雙薪夫妻根本不可能維持生計、養育小孩，父母變得更加晚歸，平日即便住在同個屋簷下也幾乎沒有機會見面，只有週末才和家人面對面分享彼此生活的情形已日趨頻繁。因此家人之間無法確實溝通交流，瑣碎的問題留下誤會的種子，導致彼此矛盾加深，家庭暴力案件的發生頻率似乎也因此偏高。根據警察局於二〇一八年發行的犯罪統計，殺人既遂案之犯罪者與被害人的關係當中，最高比例為親戚家族（三一．七％），接著依次為鄰居熟人（一四％）、其他（一三．一％）等。

#1 子女殺害父母的案件

二〇一七年二月，我在深夜接到電話後便支援警察局，有位年輕人坐在重案組的辦公室，外套上到處沾滿了血，看來應該是以現行犯身分被逮，看他戴眼鏡低著頭不說話的樣子，年紀似乎也不大，雖然他在現場被逮捕也承認犯案，但卻不願再多透露，因此雖已遭拘留仍呼叫了側寫師。

他仍為嫌犯身分，且除非犯人在情節確鑿時仍否認犯罪，否則通常不會在調查前就與犯人進行面談，特別是後者的情形，調查小組根本不會願意進行犯人面談。若他除了自己承認的罪嫌之外完全不表述任何自白，那麼每次的調查紀錄都只能填上問題，並在答覆欄寫上「沉默不語」，所以無論如何都得讓他開口說出犯案的理由。

除了身分證上的姓名和身分證字號之外，我對犯人一無所知，因此十分小心翼翼地開始了面談。這樣的情況下，我會先問對方希望如何被稱呼，雖然他的確殺了人，但在問出理由之前都不得妄下定論，我們所有人都希望被尊重，就算是涉案人士也一樣，因此面談的第一句話相當重要。「我應該怎麼稱呼你呢？」聽到我的問題，犯人立刻要求我使用敬語，即便我使用的已經是敬語，但他似乎仍十分在意這一點。雖然我尚未進行面談，但從犯人的立場看來，他下定決心殺害母親，甚至若有機會還想殺了父親的理由，我大概略知一二了。

看著雖然緊張卻露出警戒眼神的犯人，我問：「你用過餐了嗎？」以禮貌相待後他便逐漸卸下防備，並開始敘述自己的故事。他說自己是大學生，但因為必須累積假期的實習時數，所以一邊賺取微薄的薪水一邊實習，幾天前曾試圖自殺，但被父母阻止所以失敗了等等，另外也坦白自己正在接受亞斯伯格症的治療。當時犯人才剛犯案完不久，除了他仍極度不安的模樣以外，我並未發現其他有問題的行為。不過在聽見他提起亞斯伯格症[28]時，我就猜到他和家人建立關係的過程可能有些問題。

他表面上的犯案動機應為前幾天跳窗自殺遭父母阻止失敗，因此開始有了「若想隨心所欲就得先除掉父母」的想法。他在實習下班回家時順路到文具店購買美工刀並放進口袋，接著先解決掉母親，他本想用相同的方法殺害父親，但父親一看到他便怕得不敢進家門，因此以失敗收場。他表示自己是因為父母才選擇不喜歡的工作，他覺得與人相處十分困難，但為了填滿實習時數還是得每天上班，這點讓他非常難受。他在面談時並未出現有問題的行為，雖然陳述內容難以理解，但也算是滔滔不絕地吐露了自己的煩惱。

由於殺人以及事後毀損屍體的過程過於嚇人，所以我可能必須省略，但犯人對於毀損的理由也有自己的一套說法。或許有人會說：「父母阻止子女尋死不是理所當然的嗎？這能作為殺害父母的理由嗎？」認定這是精神問題衍伸的殺人犯罪，但我認為這也可視為是家人之間的問題。然而光靠犯罪者所說的幾個理由其實很難全面理解家庭內部犯罪，因為生活過程中肯定有家人們不知情，但犯罪者長久以來獨自難熬的時光，一開始可能是傷心，接著逐漸轉為孤獨、委屈、害怕，最後爆發為憤怒與怨恨，甚至延伸到殺人。

前面提到的案件並非特殊案件，而是因為多數人聽到家庭內部犯罪時通常都

---

28 慢性神經發展障礙，特徵為語言與社會適應能力發展遲緩，確切病因不明，通常患有此疾者無法理解他人的感受，並且超乎常人的固執，另外不擅長日常溝通，對社會發出的信號無感，對關心的領域會有強迫性專注其中的傾向。

不太能理解，因此是以說明為目的的介紹。因為看不順眼天氣很熱卻只有父母房間開冷氣而殺人；因為父母不願意給一千元讓自己去遊戲室玩而殺人；因為父親自己外遇或對家庭不忠，卻只要求子女要正直生活而殺人，每一個案件背後都有著令人啞口無言的故事。

每當逢年過節，刑警和側寫師們就會繃緊神經，因為雖然其他犯罪會稍微減少，但與家人相關的暴力或殺人案卻會頻繁發生，雖然我們都盼望能安安靜靜地度過年節，但以現實狀況來說仍無法鬆懈心裡的不安。

當然，不只有子女犯案的家庭內殺人案，也有父母會因為孩子大膽地向爸爸頂嘴，因為喝了酒回家被碎碎念，因為小孩不找工作成天看漫畫等理由便殺了自己的孩子，不過這其中也有同時牽涉心理問題的案件。

為何是「家人」

在這裡我們必須反思，為何心理上的問題行為會發洩在家人身上呢？經營幸福人生的其中一項必須要素就是人際關係，這一點我想大家都不會有異議，雖然每個人認為的關係範疇多少有些差異，但光靠和喜歡的人相處談笑就能讓我們獲得極大的慰藉。此外，家庭絕對是人類最早、也最容易構築人際關係的團體，但我們有必要思考，是否因為雙薪夫妻放著孩子不管只專注於工作與經濟活動，或把剛出生不久的孩子交給別人照顧，才導致父母和孩子之間的交流不完全，進而跟不上孩子的情緒變化？當然，並非暴露在相同環境就會做出相同選擇，即使由同一位母親所生的小孩，甚至是雙胞胎都擁有不同的思考方式，處在相同的情況下也會接收到不同訊息產生、不同認知。

情感這個東西十分特別，感受情緒的特定體系可來自於天生，也可以透過環境影響形成，即使處在相同環境下，有些人就是特別敏感，甚至會因為過度感受而受傷，我們便是如此，在特定情況下過度敏感的情緒似乎從小就以各種方式影響著我們的人生。對別人來說或許沒什麼大不了，但有些人就是很容易被一點小事嚇到——只要面對人群就覺得緊張，導致腦中一片空白，變得十分膽怯，甚至因此成為朋友的嘲笑對象。

有些人會為了消除這樣的不安而更加努力用功，並成功獲得認可，但相反地也有些人因為不斷遭受挫折、嘲笑，造成心中的傷口日漸增大、無法癒合，最終選擇埋藏自我，導致人際關係持續產生問題。這些因素有時會導致問題行為，治療憂鬱症或躁鬱症所累積的壓力導致殺害父母等案件便是上述實例。

然而精神疾病並非家庭內犯罪的主要原因，不對，應該說即使有許多案件源於精神疾病，但犯罪者並非天生帶有此類疾病，會出現憂鬱、躁鬱、不安、恐慌等疾病必有其理由，對吧？誰都無法誇下海口保證自己的家庭不會遇到這種問題，這就是即使是接觸了無數家族殺人案的我也沒有把握家裡不會發生這種事的原因。

不過不能因為是家庭內部的殺人案，就認為社會和國家沒有責任，任何人都不能從這個問題中被解放，我們都知道家庭形成社會，社會形成國家。就像前面提到的，犯罪者因為經濟、賭債等理由看上父母的財產，策劃完全犯罪並殺人，當然也有人在下手後申報失蹤假裝事情與自己無關，或偽裝成強盜殺人。

因此仔細觀察並分析犯罪現場是必要的，沒有所謂的「完全犯罪」，即便想完美偽裝也必會失手，現場一定會留下犯人的痕跡，所以通常不需花太多時間就能逮捕犯人，可是即便如此還是有人無法控制瞬間的情緒，犯下殺人如此的重罪。

近期出現了「Work and Life Balance」這個新說法，公司訂定了「家庭日」，和家人共度週末的意識變得廣為人知實為令人樂見之事，希望這樣的社會氛圍和行動能繼續擴散，而且在所有人的認知都改變之前，國家也有必要挺身鼓勵，特別是應該體恤那些子女尚未上小學的員工，教導他們如何與子女共度充實的時光，其實這應該是學校該盡的責任，但在職員工已錯過就學時期，因此必須由社會接手。為了避免因為不知道如何表達愛，不知道如何花時間和孩子相處，不知道如何追求幸福而做出脫序的選擇，所以我們必須這麼做。前面也有提到，人類只要好好學習就不會做出違反效益的選擇，因此即便需要耗費社會成本，這件事仍有投資的價值。

根據統計廳二〇二〇年六月的人口成長趨勢顯示，韓國每位育齡女性的生育率曾為一・三人，在二〇一八年則為〇・八四人，降至未滿一人。而美國、英國以及日本則依序維持在一・八七、一・八五、一・四四至一・四五人的水準。相較之下韓國不僅是生育率低落，長期看來甚至可能引發生產人口減少等多項問題，雖然政府已策劃多項鼓勵生育政策，但並未引起樂觀的變化，或許大家會疑惑家庭內犯罪與此現象有何關聯，針對這點我將再詳加說明。

另一種型態的家庭內犯罪就是兒童虐待以及兒童虐待致死案件，前述案件是以父母為殺害對象，這裡則是父母虐待或殺害子女，雖然透過兒童保護機構與醫療機構的及早發現能讓某些案例得以存活，但孩子被發現當下的狀態仍是難以言喻。

#2 兒童虐待案件

虐待兒童致死的案件肇事者多為父母或主要撫養人，若是犯人為父母的案件，他們的年齡普遍在十五歲到二十歲出頭，通常是年紀輕輕得不到父母同意，於是在同居後有了小孩，或是即便得到允許，身邊也沒有人願意給予幫助。他們正值愛玩的年紀，覺得被綁手綁腳卻無處宣洩壓力，因此才會發洩在弱小的孩子身上，隨著發洩的強度與頻率加重，長久累積的暴力在不知不覺間便導向死亡。

二〇一九年十月，我接到孫女死亡的報案後抵達現場，女孩的臉部與手腳四處是傷，用被子裹住並放在箱子裡，案發現場還有兩隻寵物狗，放在玄關的鞋子貌似被狗叼進女孩所在的房間，四散在房間各處，孩子的屍體已開始腐敗，家中充滿狗的排泄物和飼料，讓人分不清這究竟是垃圾場還是人住的地方。

父母兩人都是十來歲，彼此推卸照顧孩子的工作，之後父親選擇泡在網咖，母親則和朋友們住在一起，過著偶爾會回家餵小孩喝奶，接著再次離家的生活。他們表示自己有一段時間完全沒回家，小孩好像是在這段期間死亡的，因為孩子的母親把這件事告訴朋友，朋友又打電話告訴孩子的奶奶，這件案子才被揭發。

我本就無法理解把剛出生的孩子和寵物狗放在同一空間的行為，再加上孩子額頭和手腳上的傷口看起來分明是被狗咬的，因此更讓人不明就裡。父母主張他們出門時有把狗關在浴室，是小狗自己開門跑出來的，自己在家時絕不是如此。這件事讓我反思，我們不該只專注在低生育率，應該也要思考能讓生下來的孩子平安長大的對策。

不只是兒童虐待案，剛出生的嬰兒被棄養的狀況也經常發生，另外據我所知，有許多孩子會交給育幼院撫養或進行海外領養。雖然這些事可能源自個人問題，但我希望大家明白社會也有該盡的責任，而且要記得，比我們想像中更多的孩子正在慢慢死去，我們應該尊重所有生命，而守護孩子的性命更是大人們的責任。

#3 性暴力案件

另一個與家庭解體相關並且令人惋惜的案件便是家庭內性暴力案，再更聚焦一點來看則是親屬間性暴力案，多數人即使在媒體上看見許多相關消息仍不願相信，但這類案件確實持續發生，或許大家會認為只有在非親生父母的情況下才會發生這種事，不過以現實狀況來看，有許多案件皆與親生父母、親兄弟姊妹、父執輩等親屬相關。

犯下這些案件的主角選擇了暴力當中的另一種形式——性暴力——他們以更

隱晦巧妙方式對那些相對弱勢者留下無法洗刷的苦痛，利用難以啟齒、不易報案等特點長期欺壓被害人。幼時遭受性暴力的被害人多數皆歷經十年以上的苦惱或煎熬，等到成年後才報案，又或是因為實在忍無可忍，才勉為其難地請身邊的人協助報案。

雖然在成長過程中自然會對性產生好奇與關注，但性暴力可不只是同儕團體間輕微地摩擦碰撞而已。即使加害人認為沒什麼大不了，但被害人卻可能因當時的記憶而不敢與異性交際、結婚，甚至一輩子活在陰影當中，被關進隱形窗櫺的監獄裡。

家庭內性暴力是成人以強迫方式持續進行的嚴重犯罪，他們不僅進行長時間的加害，甚至為了不讓被害人報案而用盡威脅手段，或用其他家人作為交換條件以拖延報案時間。性暴力犯罪者所說的犯案動機更是令人錯愕，有些人表示是為了教訓不聽話的妻子才性侵小孩，也有人表示是因為沒錢到風月場所發洩性慾，還反過來問我：「不然還能怎麼辦？」甚至有人認為這就跟父母教孩子日常禮節一樣，性事也該由父親來指教，不過是方法過了頭。

原因與對策

家庭內殺人、兒童虐待致死、親屬間性暴力等案件皆為家庭解體相關之案件，且多數皆與情感有直接的連結。

以大人的觀點來看，如同俗語有云：「三歲乖，四歲壞，五歲捉去殺。」隨著孩子們的成長，我們或許會認為他們調皮搗蛋、不聽話，但從生物發展角度來看，那或許只是在發展各成長階段的必要素質，只要讓孩子們在安全環境下成長，他們便能成為正直的人，若能再加上情感層面的支持，為他們稱讚打氣，就能散發更正向的力量。然而大人們需要適時反省自己是否因為試圖控制孩子或對他們使用暴力，而在他們心中種下不信任或自卑等負面情感。

當然，我在養育孩子的過程中經常體會到為人父母有多困難，我很害怕，不確定自己的決定是否也適合孩子，因為我在嬰兒期、幼兒期、兒童期初期都沒能好好和他們對話，所以更是戒慎恐懼，畢竟過了這些時期，想型塑人格便不容易，我想一定有許多人因為成長過程中的傷害，在不知不覺間養成了畏縮、沒自信的處事態度。

不論是累積下來的情緒或一時忍不住的憤怒，我在案發現場遇見的犯人們犯下重案的根源多來自於對對方的負面情感。需要流暢溝通的最小社會單位就是家庭，因此我們不應把這些案例當作個人問題，而是該視為嚴重的社會問題，並且給予關注、規劃對策。這些重案的影響力太強，且無法排除再犯的可能性，因此不能單純視為家庭內部問題。另外這些案例不只會發生在家庭內部，還可能以多種型態出現在其他社會集團，所以我們必須保持警戒。

我已再三強調，但若想預防兒童虐待案件，為了讓所有人都理解未就學兒童的發展過程，我建議把這個部分編進國中小及高中的通識科目。新開設義務課程，規定欲領取育兒津貼者必須修習一定的教育課程如何？雖然我想應該有人會批判我把教育當作領錢的條件，但為了那些正在犧牲受害的孩童，我認為這並不是太過分的要求。

面對那些因為低生育率政策出生卻瀕臨死亡的孩子，我們只能坐視不管嗎？好好養育生下來的孩子不重要嗎？因此就算再三強調婚前夫妻教育和父母教育的重要性也不過分。家人之間的互動所帶來的傷口導致子女和父母互相危害的狀況，或許比其他犯罪都要來的可怕。

從根本來看這或許是個人人品教育的問題，但若人在成長過程中未能從父母或主要撫養人獲得正面影響，我們就該透過學校教育予以他們挽回的機會，若連學校教育都有困難，那我們就該努力規劃父母教育計畫等第二、第三對策。

煎熬的心靈增加了——精神疾病犯罪

第二種犯罪類型為精神疾病犯罪，不知道大家跟長輩們對話時是否曾聽他們描述，過去的社會也是四處都有一兩個精神不正常的人，但是現代社會卻有比想像中更多人承受著心理問題，受精神混亂所苦的人非常多，幾乎每個人都曾認為自己的心理狀態不穩定。

科技尖端化，人們花在網路上的時間也增多了，但有些溝通上的渴望是網路空間所無法滿足的，因為網路空間難以滿足透過視線交流、感受情緒所獲得的安定感。有許多精神科醫師都強調，並非所有精神疾病患者都有暴力或犯罪的危險性，反之，這群人其實更消極且偏好躲進無人知曉的空間，因此並無暴力傾向；我也同意這個主張，但這是在討論剝削人權、強制住院等問題時所提出的意見，雖然我不認為所有精神病患都必須強制住院，但對於在現場工作的警官們來說，他們的確是危險因素之一。

根據報告顯示，每四名韓國成年人口當中就有一人一輩子會經歷一次以上憂鬱、不安等精神健康問題。根據保健福利部實施的〈精神病患現況調查〉，韓國二〇一六年成年人口之精神障礙終生發病率為二五・四％，超過一千萬人口，一年發病率約一一・九％（四百七十萬人），其他還有酒精使用障礙一二・二％、焦慮症九・三％、情緒控管障礙七・五％等。若所有精神疾病患者皆須入院治療直至痊癒，考慮到龐大的場地和費用問題，現實上並不可行。另外有人認為精神障礙者會影響個人生活品質，因此必須全數隔離，此意見也令人難以接納。一起思考該如何幫助他們控管疾病、引導他們向前才是最理想的方法。

部分精神疾病會出現妄想的症狀，我曾看過部分因為幻覺、幻聽、幻視等症狀影響到個人行為的案例報告。他們不敢告訴家人或其他人，卻一致表示自己持續被監視、有人在耳邊說悄悄話，或是行為受操控。有案例表示雖然自己平常都努力忍住不聽，但案發當時卻覺得不照做就會沒命，因此也是別無選擇。另外我也遇過案例明明一個人待在看守所，但卻說房間裡充滿大龍蝨，沒有能坐下的空間，晚上也無法好好躺著睡覺，請我們幫忙趕走大龍蝨。

偶爾會有犯人想偽裝成精神病患，藉此移送治療監護所，因此需要檢驗的過程，但如果是實際精神病患因太痛苦而選擇犯案，那我們可能就得從不同角度來思考了。為了防止他們落入犯罪的深淵，就必須從社會層面考量相關預防方案，若犯人已是收監狀態，那麼至少要讓他們在治療監護所接受積極治療，幫助他們培養控管疾病的能力，或是接受有管理功能的系統及設備的幫助，使其得以回歸社會。

孤獨與憤怒的爆發——隨機犯罪

第三種犯罪類型可以隨機犯罪為例，早期的隨機犯罪曾有過「無動機犯罪」、「異常動機犯罪」等各式各樣的稱號，到了最近才逐漸通用「隨機犯罪」一詞，或許犯罪者所陳述的犯案動機並不合理，但仍有其箇中原由，因此用「無動機」來表現似乎不太恰當，個人壓力可能是原因之一，是一種將家庭、職場等社會集團中累積的不滿發洩到不特定對象的情況。雖然社會持續往更便利的方向發展邁進，但這也代表個人適應新環境的壓力隨之增大，我認為隨機犯罪或許是不適應社會發展的行為之一。

「孤單」在字典上的定義為「獨自一人苦澀的心情或感覺」，這就是社會動物——人類——在無法與他人溝通、被隔絕時所感受到的情緒。這是十分主觀的感受，所以或許有人會疑惑，光是處理忙碌的日常都不夠了，怎麼還有時間覺得孤單？但是換個方式思考，如果你跟不上世界快速變化的腳步，被甩在所有事物之後，是不是就可能感受到孤寂呢？

我們偶爾可以在媒體上看見「仇女犯罪」或「仇老犯罪」的相關報導，與其說這是源自仇恨女人或老人所引發的犯罪，不如說是犯罪者在選擇犯案對象時，通常會選擇自己有能力應付，換言之，也就是相對的弱者，才會出現這樣偏頗的視角。

這類犯罪的動機與被害人無直接相關，是犯罪者把對社會的不滿、個人壓力、對他人的憤怒轉嫁到與自己無關聯的對象所產生的犯罪，對象為不特定的多數人，型態也十分多樣，並非在與被害者互動的過程中引起，而是犯罪者把與自己特殊經歷無關者變成被害人。這類型的犯罪中也摻雜了精神障礙的犯罪者，雖然不能把所有精神障礙所引起的案件都與隨機犯罪做連結，但我發現即使這類型的犯罪者並無精神科的病歷，也經常被懷疑患有精神障礙。

隨機犯罪會以單純的傷害、縱火、殺人等多樣形態出現，逮捕犯罪者後會發現其並未握有被害人的情報，對他們也無怨恨之情，然而這卻是會讓被害人留下一輩子陰影的嚴重犯罪。有些人會在地下鐵、公車等公共場所設置爆破物，拿美工刀割劃穿著短裙的女性腿部，或專挑不遵守公共道德的人隨機施暴，事後又默默回到自己的住處，回歸原本的職場工作，反覆犯案後才被逮捕。

曾有人在下班回家路過的垃圾堆放火，因為一時走運未被及時逮捕，於是變得越來越大膽，改到堆滿資源回收等可以製造更大火勢的地方縱火，但是動手之後卻又心生膽怯，於是直接報案，並在欣賞滅火的過程享受其中的快感。當然也有許多與殺人相關的犯罪，當這些案例無法控制自己的憤怒或壓力而在街上徘徊時，因為某人的注視，讓他們感到不悅，甚至某人的笑容、某人的閃躲、某人的深夜遊晃都可能成為他們的標靶。

雖然有些人會認為我們應該自己多加注意以免成為被害人，但面對以不特定多數作為犯罪對象的他們，我們實在難逃他們的雷達，若硬要我提出一個解決方法，那大概只有當你遇到有人沒事找碴時，不要加入他們的對話而是儘速離開現場；然而唯一能預防隨機犯罪的方法只有及早逮捕犯人，因此就算是附近的派出所也好，盡快報案、仔細說明當下狀況是為要務。

我愛的就是你愛的——約會暴力

最後我必須提及約會暴力，事實上韓國社會一直持續發生約會暴力，而「約會暴力」一詞被社會普遍使用則是從二〇〇〇年代中後期開始。韓國每年平均發生九千起以上戀人之間的約會暴力案件，且再犯率為七六％，有許多被害人遭暴力對待後又原諒加害人，接著再次受到暴力相待，如此的惡性循環正持續增加。

和喜歡的人交往相愛是人生樂事之一，然而對愛人的佔有慾、執著；因為對方的行為違背個人理想所產生的不滿、厭倦；不一致的性慾、價值觀、周邊環境等諸多因素，根據人的性格不同亦可能導致衝突。

但是這種衝突若不以合理的方式解決，而是以暴力相向，對加害人與被害人都會造成傷害，隨著約會暴力的尺度逐漸擴大，這類犯罪的危險性也日益增長。戀愛初期認為對方是出於關心與愛而作罷，最終那些行為卻超越了愛的程度，發展成執著與控制，有不計其數的案例都是因為幾次的容忍與原諒，最後變成糾纏的線團般無法釐清的局面。

有些加害人會主張被害人於兩人不在相同空間時持續要求視訊通話，所以自己使用暴力控管對方也是正當手段。雖然我們難以用一定的界線劃分正常與不正常，但不論過去或現在都一樣，不僅是過度執著所產生的物理性暴力，威脅外流影片、照片等也絕對屬於脫離正常的尺度。除了常見的暴力、傷害罪之外，強姦、性騷擾等性犯罪或恐嚇、強制、擅闖民宅等各種刑事罪也可能同時發生。不知道大家是否聽說過「暴力會變成習慣」？有許多長期暴露在約會暴力、家暴、慣性暴力者，會因為對加害人的憐憫、恐懼或其他原因而不敢積極處理，並日漸習慣這樣的刺激，而加害人則會陷入對暴力傾向無感的惡性循環。

唯有約會暴力使用「加害人」替代「犯罪者」或「犯人」的理由是因為此行為的處罰較輕，所以不傾向冠上「犯罪者」的名稱。約會暴力和跟蹤案件一樣報案率低落，或是常發生準備調查卻又撤回的狀況，其實約會暴力相對其他犯罪而言更容易衝擊人的一生，但被害人仍會因為憐憫之心或害怕報復而不敢告訴家人朋友，大多會試圖自己解決。另外也有人因為無法接受曾經信任、依賴、相愛的對象在轉瞬間變成加害人，看著過去幸福時所拍下的影片而拖延了報案的腳步。

以愛為名的暴力或許有很多理由，但我認為最大的問題在於不尊重以及只想佔有對方的傾向。根據蓋瑞．巧門（Gary Chapman）在《五種愛之語：享受恆久之愛的祕訣》[29]中所述，第一種愛之語會因人而異，但是若認為「我的愛之語」就等於「你的愛之語」，這樣的錯覺好像就會發展為執著，甚至佔有慾。

問題在於家族與情感

前面我們把犯罪分成幾個種類檢視，但整體來看，要說多數犯罪都與「情感」相關也不為過。與某些國家相比，韓國的發展速度偏快，或許正是因為人們光顧著向前衝，所以才沒有空閒理解對彼此的情感。

國內的高度壓力、低幸福指數以及薄弱的社會安全網等原因使得人際之間的健全關係持續產生問題，韓國的生活滿足指數為五．八分，據說是經濟合作暨發展組織（ＯＥＣＤ）國家中的最低水準。低壓力、高幸福度者在面對衝擊事件或突發危機時將能柔軟應對，我們常說的「復原力」——也就是心靈的力量——也較為卓越。活著都可能經歷谷底，根據衝破谷底往上爬的力量多寡，活出來的樣貌

29 原書名為《The 5 Love Languages: The Secret to Love That Lasts》。

也將有所不同。

雖說不論犯罪類型的第一個原因都與情感有關，但這也不禁讓人反思一切的開端是否皆源於家庭？「第一個社會集團」、「命運共同體」、「血濃於水」、「胳膊向內彎」等都是我們經常聽到或使用的表現，韓國的社會文化偏好以血緣、學緣、地緣等分類把個人納入共同體，其中家庭似乎就是唯一無法選擇的社會共同體了。

「一切都是選擇，選擇的責任也在於自己。」我很喜歡這個選擇理論，認為以這個理論為基礎衍伸的現實療法在治癒人心有相當的效果，並且也致力於透過各種機會實踐這個理論。我在大學時認識心理學，婚後養育孩子也經常思考是否有讓孩子自然熟悉選擇理論的方法，當然我也看過某些書籍批判教育學者與心理學者毀了自己的孩子，因此我不會斷言自己相信的方法就是正確解答。

我在大學時期學過相關知識，因此很自然地會把自己的體悟運用在孩子身上，他們現在已是成人，然而至於我是否教養成功，又是否因為我所運用的選擇理論而成功？這些問題則不得而知，不過光是看見他們平凡無礙地活著便已讓我心懷感激。無論如何，這個理論對我來說極具魅力，讓我想實際運用在自己的孩子身上，並且我到現在仍對此理論深信不已。

有一點或許讓人有些不知所措，家庭是成為社會基幹的集團，是個人安全發展的基礎，打造社會安全的基層力量也來自於家庭，但我們對原生家庭卻沒有任何選擇權，如此簡單明瞭的事實就擺在那裡，我卻沒有想過其中的矛盾，又或許是過於理所當然，所以才不願去想。

若想克服無法改變的事

我在思考解決韓國社會犯罪問題的對策時突然有了這樣的想法，家人是我們無法選擇的社會集團，即便不滿意也無法任意脫鉤，因此才會面臨目前的現實狀況呢？然而這也並非毫無解決方法，正是因為那不讓我們坦然面對現實的系統，那些難纏的問題才會擋在我們面前啊！

我們從來不敢告訴別人「我不喜歡我的父母，請幫我換成我喜歡的父母！」或是「我不想要那種貪心、只顧自己的兄弟姊妹，我想要這樣的兄弟姊妹。」若我們能先查看父母及其他家人、選擇自己喜歡的家庭出生那該有多好啊？但這件事根本不可能，因此當某些人萌生這樣的想法時，他們或許會認為自己是罪人、厭惡自己，並必須把這些想法藏到內心深處。

現在來想想看該怎麼做吧！就像我們很難解釋「我」為什麼是「我」，也沒有解釋的必要，有些事情就是如此，我們只能接受，而家人就是其中之一。沒有人能解答為什麼眼前的人會是自己的父母，這就是我們出生及成長過程中必須接受的事，另外我們也必須了解，不論你喜歡或討厭，身為家人就得共同負擔某些責任，我們必須觀察家庭內外是否有過於執著「自我」而忽略「家人」的要素。

我們應該自然養成這樣的心態，但若你持續處在矛盾當中，那麼你就需要嘗試評斷自己究竟是個怎樣的人。在目前韓國社會文化的氛圍下，一個個體在成年之前，即便意識到某項問題也很難做出果敢的改變，但等到高中畢業、成年之後，你便能有轉變的力量，若你經過充分的學習醒悟，你就會相信自己擁有改變自己的機會，不對，你必須相信自己確實擁有這個力量，只要你相信，只要你接受，力量便會真的產生。

第一階段來看，究竟是韓國社會的哪個部分讓我們無法學習接受理所當然的事情呢？有些人認為重視儒教禮儀的韓國文化有些不知變通並令人鬱悶，雖然過度強調守舊的部分確實有些問題，但它能讓我們熟悉對彼此的稱呼、問候的方法、語氣與行為的規範，的確有其有用且可取的一面。

每個社會皆有符合不同情境的適當行為規範，也需要讓社會成員自然習得並接納這一套規範的過程，但是現在究竟是誰在負責這個角色呢？我們是否被賦予培養基本人品的機會呢？不對，我希望我們能重新檢驗自己是否有充分學習的時間。

我們活在巨大且多元化的社會裡，與傳統社會相比體驗到更多元的情境、遇見更多不同的人、體驗更多樣的人際關係，但從現實狀況來看，就算只論及人際關係，我們能學習與熟悉的機會似乎也比過去更少了。現代人不得不在各種情況下形成複雜的網絡，時時刻刻維持適當的人際關係並適應當下的狀況實屬不易，僅以家庭為例，若是女性便有女兒、姊姊、妹妹、妻子、母親、媳婦、妯娌等身分，若再擴及職場、社團、宗教團體等範圍，便會被賦予列舉不完的角色。

側寫師在案件中遇見的犯罪者則是更不了解該如何應對人際關係、反應偏激的一群人。不過難道只有犯罪者才會如此嗎？當對方不理解自己發言時；非出於本意會某件事時；當你認為該即時挽回局面、趁早說實話時；雖然對方的年紀可能比自己小，又或者某些方面不如自己，但若你發覺自己有錯，不就該勇敢低頭、下跪認錯嗎？

雖然新冠肺炎疫情導致無法上學，維持社交與生活距離讓人十分憂鬱，但這樣的現況也帶給了我們新的創意。新學期開始了，雖然最終只能線上開學授課，不過幸虧如此才有更多人也熟悉透過網路空間的學習，因此我想提出以下建議。

透過網路讓所有人都能學習發展心理學等有趣的心理學課程以及從家族關係到人際關係的相關課程如何呢？也就是打造「通識教育週刊」這類的刊物，用多樣化的方式使大家學習「人與關係」。過去覺得難以實踐的事情，現在卻有了可行的希望，我希望能打造教室、家庭、社會如齒輪般互相銜接的教育現場，若這件事可行，我相信就算我不用多介紹以下事例，仍能讓每個家庭都產生這樣的現象。

這樣的對話方式如何

我想介紹一個最近碰到的案例，這應該是許多人都經歷過的平凡插曲。

這個故事發生在一名高二男學生和他父親身上，高二的兒子和父親的關係甚好，週末時偶爾會一起出門買黑膠唱片，也會互相討論音樂，姑且不論兩人內心的想法如何，至少表面上看起來關係非常好，雖然兒子和父親的音樂喜好有些不同，但也並不是什麼大問題，只是他經常叮囑父親不要隨便碰自己珍藏的黑膠唱片，但那一天的父親仍沒有把兒子反覆叮嚀的話語聽進耳裡。

父親平常都會接送深夜上補習班的兒子，那天也是一到上課時間就去找兒子，但兒子卻已經出門了，父親心想兒子已經自己去上課了，於是按照下課時間抵達補習班門口並在車上等待，但不知為何，下課時間已經過了一個小時兒子仍沒有出現，父親這才急著打電話回家，妻子表示孩子早就已經到家了，顯得十分慌張，還急著辯解自己以為丈夫是為了檢查車子才先讓孩子下車，所以沒有另外打電話給丈夫。

妻子掛了電話之後立刻追問兒子究竟是怎麼回事，兒子這才說他不想跟爸爸說話，所以提早離開補習班繞了別條路走。妻子清楚自己丈夫生氣時火爆的個性，怕丈夫回家後會大發雷霆，內心焦躁不安便責罵闖禍的兒子，但兒子卻意外地十分平靜，這是因為兒子也很清楚父親的個性，在做這件事時早有了承擔一切後果的決心。

小孩回到房間，丈夫也到家了，妻子則追在丈夫身後急著解釋、妻子牛頭不對馬嘴地辯解著，但丈夫卻換完衣服後就走向床邊，妻子問他有沒有事，他只說自己連生氣的力氣都沒有便就寢了。直到隔天上班，丈夫才傳簡訊給妻子問兒子生氣的原因，已經聽過兒子說法的妻子這才告訴他，兒子似乎是為了黑膠唱片的事在生氣。

父親下班後立刻走進兒子房間，拿著一張兒子喜歡的黑膠唱片告訴他：「爸爸不想跟你打壞關係，我不知道你會那麼難過，以後會注意，要是爸爸再犯，你一定要告訴我。」兒子起身之後也小聲地向爸爸道了歉。妻子從沒想過丈夫會做出這種舉動，她把當時的狀況告訴我，表示自己雖然不明所以卻又非常感動。

從那天起，父親和兒子的關係變得更加緊密，且父親也沒有再追究兒子的過錯。如果當時爸爸說的是：「雖然爸爸做錯了，但你應該也有錯吧？」或是「就算再生氣，但你明知爸爸在等你，怎麼能這麼做？」那麼狀況就有所不同了，雖然妻子不明所以，但這件事卻讓她對丈夫刮目相看，也讓她想對丈夫更好。

另外我還想介紹一個歷史稍微悠久的案例，這是我當側寫師前在諮商室工作時碰到的事，但因為印象深刻所以到現在都還記得。這是一對夫妻因為兩人都忙著賺錢，所以孩子念小學前都交由爺爺奶奶撫養的故事。因為夫妻兩人都很晚下班，所以很難兼顧小孩，苦惱之下，他們決定把孩子交給住在鄉下的父母親，每個月拜訪婆家一兩次，或是利用休假的時間與孩子見面。

國小入學前，他們決定借助保母的幫助，把小孩帶回家自己照顧，那一刻起便是戰爭的開端，生活大小事都是問題，孩子不聽話，只想要為所欲為，要是指責她，她便會鬧脾氣表示：「奶奶都不會這樣。」處處都是為難。

父母認為孩子是在爺爺奶奶膝下長大才這麼不懂規矩，又是訓斥又是安撫，可是情況仍沒有好轉，於是父母才找上諮商室。他們認為自己沒有把孩子放在身邊所以有愧於心，剛開始也是睜一隻眼閉一隻眼，但要是再繼續放任她，等上小學之後大概真的會變得無法無天，所以來詢問我該怎麼做。這時我明確地告訴他們，我的角色只能給諮詢者建議，沒辦法解決孩子的問題，這樣聽來或許無情，但我要怎麼改變一個根本不熟悉的孩子呢？

在我表態之後出現了一陣沉默，但幸好他們還是順利地消化了這段話。母親把話題中心從孩子轉向自己，她表示自己在責罵孩子的同時，也一直怨嘆自己未盡母親之責，歉疚之心加上害怕孩子行差踏錯的情緒讓她無法坦率地接納並審視眼下的情形，我在諮商時建議她可以如實表現出這個心理狀態，也希望她能把愧疚的心情確切傳達給孩子。

幾天後，母親帶著十分愉快的表情來到諮商室，說她跪下來祈求孩子的諒解。

孩子不聽勸、想為所欲為的時候，她突然想起諮商的內容，於是不自覺地跪了下來說：「媽媽對不起你，是媽媽的錯。」接著兩人就抱著彼此大哭了一場。令人意外的是，這件事以後孩子便有了極大的轉變。原本把「奶奶在家都不會這樣」、「奶奶說可以」、「奶奶不是這樣說的」掛在嘴邊的孩子，現在卻改口說：「媽媽，我可以這麼做嗎？」、「媽媽，這該怎麼做？」變得越來越常發問，也努力想好好表現。與其說孩子是故意想找媽媽麻煩才不聽話，不如說是孩子也需要適應的時間。孩子不明白母親的心情，覺得母親的責罵只是想管教自己，這樣的母親對孩子而言也十分痛苦，對於長時間在爺爺奶奶標準下生活的小孩來說，那些也是理所當然的反應。

以上兩件都是透過心靈交流使人改變的實例，雖然孩子偶爾會需要教導，但當家庭內部瀰漫微妙的情緒時，傳遞真實的心意似乎就能解決，我們不可能改變對方，僅能抱著當自己改變時，對方或許也會跟著改變的希望。另外，當你不確定誰對誰錯，難以做出正確的判斷時，就必須暫緩自己的判斷。不，即便你認為對方確實做錯了，但兩人都處於激動或情緒高昂的狀態時，就有必要重新釐清，或交給時間的間隔做判斷，想想看自己在那種情境下會如何處理吧！不只是犯罪者，許多人都有這樣的困擾。

我這麼說並非斷言韓國社會所發生的所有問題都源自家庭內部問題，也不是把所有責任歸咎於家庭，只是將案件分類觀察後，發現負面情感的根源來自於關係的建立。社會已經高度發展，人們需要適應多樣的關係，但希望大家能看看現實中仍有許多人沒有適應的機會，以目前的社會結構來說，家庭教育、學校教育、品行培養皆已不得再侷限於個人範疇了。

若想找回家庭的地位

在過去樣貌已不復見的現代社會結構中，我們的課題是打造必要的家庭正向功能，如同總量守恆原理，有人認為人的攻擊傾向只要充分發洩即可，所以小時候愛調皮搗蛋的人，長大之後就不會惹事生非。依照上述的說法，不論你相信人性本善或人性本惡，只要是人就一定有攻擊傾向，雖然時期或方法不同，但必定會宣洩而出，而適當發洩這種衝動的人是健康的。另外社會支持網（social support network）[30]健全的人將善於表達自己的情感，但若發洩的機會被剝奪、情感受壓迫者，情緒便會在忍無可忍的瞬間爆發，跳脫社會的框架，衍生至犯罪行為。

若我們仔細觀察以第一個小社會——家庭——為起始的社會支持網，將發現形塑負面信念與人生觀的過程相當多樣。有些人沒有體驗過正面有意義的人際關係，未能與父母或他人形成親密溫暖的關係，在孤立的狀態下成長，就是因為沒能在成長過程中體會到人際關係帶來的快樂和喜悅，才會形塑負面的信念和人生觀。

若孩子想要依賴父母卻經常被拒於門外，那他們就會出現脫離親子關係、躲進自我世界的傾向，進而發展成逃避型依附關係。另外，許多在暴力環境下目擊不幸福的家庭關係成長或曾遭信任者背叛的人則會對人際關係產生負面看法。因此，為了打造健康的家庭和人際關係，試著邁開我們小小的步伐吧！

30 環境提供的社會連結，指家人、朋友、老師、鄰居、同事、地域社會、給予個人協助的專家等。

第4章

無論如何都不要放棄的事

所謂心理變態的窘境

在現場看見被害者和四處飛濺的血跡或與遭逮捕的嫌犯進行面談後，我腦中總會浮現無數的問題，我總千頭萬緒地思量：「同為人類怎有辦法下此毒手？」且無法甩開「人類究竟為何物？」的疑惑。「殺人犯是先天或人為？」「為何會做出殺人如此極端的選擇？這種情況無法避免嗎？」「連續強姦殺人犯的腦袋裡究竟裝了什麼？」等疑問更是排山倒海而來。我盡可能避免在非工作場合思考案件相關的事，但偶爾仍會湧上無止境的疑惑，在腦袋中回想面談時的場景。

為了生存，即使殺害了十四名女性，仍在行兇後忘掉一切繼續生活的犯人；為了獨佔母親的財產，與另一半共謀殺害母親與哥哥，還到警察局申報失蹤的犯人；在家中以殺雞的手法慘無人道地殺害父母後，最擔心的卻是最近開通的手機該如何處理的犯人；因為充斥了鄰居家的大龍蝨想殺害自己；為了保命只好殺了同住的母親；胡言亂語的犯人等，無數的嫌犯類型常讓我深陷苦惱。

雖然因金錢糾紛或冤仇的殺人案件也令人髮指，但在看到被害人是為幼童、女性、老人等懵懂無知又無能抵抗，並在恐懼中迎接死亡的案例，我總有好一陣子會感到胸悶難受，不能言語。偶爾我也會將無人能解的疑問丟向自己，面對即將見面的犯人卻無法整頓思緒，被「我是誰？他們又是誰？」等想法所糾結。

當我遇到犯下連續殺人、連續強姦、戀童癖等被判定為心理變態的嫌犯時，表面上雖不動聲色，內心卻認為他們是惡魔，過於顫慄的神經令我難以控制表情。但事實上有更多時候我所遇到的，是那些不知為何會涉案，看似平凡卻義無反顧地行兇，令人啞口無言犯罪者。

在與媒體報導的重刑犯見面的過程中，我時常被問：「人為何物？」然而這個問題卻很難一言以蔽之。雖然多數罪犯者都帶有反社會人格，但被分類為心理變態的犯人卻是極少數，因此我個人面對心理變態以及其他犯罪者的情緒也有所不同。

真的有心理變態者嗎？

首先，被分類為心理變態的犯罪者可謂是真正的怪物，該說他們是披著人皮的惡魔嗎？總之我完全不想用正面的單字描述他們。近期被稱作「華城殺人事件」的嫌犯，在殺害妻子的妹妹之後，直到拘留在看守所的此刻都在埋怨前妻，他惋惜地表示：「若前妻沒有離家出走，我就不會被逮捕，就能繼續強姦、殺人了。」而當被問到最印象深刻的被害者時，他則回憶對方痛苦死去的模樣，說出：「對方似乎也喜歡這個過程。」等荒誕的發言，甚至絲毫不害臊地說那些笑著與自己面談的側寫師對自己有好感。即使因為一時無法控制情緒而犯下罪行，但身而為人便理應承認自己的錯誤並對被害者感到抱歉，然而在他們身上卻罕見反省或後悔之意，因此我不願承認他們和我們是同一類人。

側寫師之所以必須傾聽犯人們前後不一、難以理解的故事，就是為了從他們的口中聽見完整的犯案過程，將真相一一揭發並為被害者解除冤屈，也就是要讓兇手在法庭上受到合理的責罰。我明白必須分別審視人與罪行，多數時候也盡量這麼做，但在與心理變態者面談後，很難不在心中留下陰影，若沒有同事的支持我將難以克服。

我想起不久前到監獄進行面談時獄警所說的話，他問我是否想像過獄警的人生，並告訴我獄警絕不會過問犯罪者的罪名，甚至除了偶然透過媒體得知的犯罪事實之外，他們既不好奇也不去搜尋任何其他資訊，因為當他們開始關注犯罪者所犯下的罪行時，便會開始對人類感到厭倦並且很難再繼續當獄警。另外他還補充說明，必須只關注犯罪者的獄中生活是否有不便之處，才有辦法長期當一名獄警。

雖然獄警和想盡辦法揭開真相的側寫師是兩種性格截然不同的兩種職業，但我對這些話卻十分有共鳴。若知道詳細的犯案內容，好像就很難笑著面對受刑人了。有時側寫師會與被害家屬見面以便掌握被害人的特徵，這時我見到的不只是被害人，同時也見到了被害家屬所經歷的憤怒、怨恨與絕望，因此即便我很努力地練習分離案件和自我，卻仍會原封不動地感受到被害人的痛苦，體驗過如自己的家人變成被害人的感覺後，便很難以善意的眼光看待那些毫無反省之心、把犯案過程描述成英雄故事的犯人。

其實我也沒有自信能改變那些對被害人的痛苦無感的人，但若他們已在收監期間，那麼我想說，直到確定他們不會再犯案為止，都不能讓他們假釋或刑滿出獄。

不能放棄希望的人

但是我對那些不被認為是心理變態的犯人則有不同的看法，我很清楚即便是在同個膝下長大的兄弟姊妹也不會活出相同的人生。研究犯罪者的出生成長背景、生活環境等的理論書寫道，這些人通常都在艱難的環境下成長，幼時曾遭虐待，或是個性消極再加上持續承受潛在的壓力。

從二〇〇六年一月到目前為止，我見過超過三百名的犯罪者，當中不乏許多罪行令人費解的犯罪者，側寫師會見到的主要是重刑犯，因此沒有任何一位可謂平凡，他們都渴望解釋自己犯案的箇中原由，而我也很認真地傾聽那些故事，雖然當中有許多難以理解的內容，即便我無法體會，也必須時常給予認同的反應，就這樣做著做著，有時也會想：「再這樣下去是不是連我都會變得很奇怪？」一回想面談時我點著頭認同罪犯的陳述，一轉身又做出相反的評價，自己都快不認得自己了。

有些犯罪者從一開始就對我非常警戒且具攻擊性，他們在不離開看守所的狀態下放聲大鬧，表示自己不需要什麼狗屁面談，試圖在看守所裡吞螺絲自殺，或脫光衣服到處亂丟引起騷動。雖然說犯了罪至少應該乖乖就範，但犯罪者們搞不清楚對錯仍為所欲為，想方設法試圖減刑的糗態卻是比比皆是。

不清楚案發狀況的人可能會認為警察反應過當或不親切，我並非袒護同事，有時大眾的指責也沒錯，但我很疑惑大家若真知道犯罪者幹了什麼好事還說得出這種話嗎？雖然當我看見慘死的被害人便不自覺地責難犯罪者，但在面談時與我面對面的，卻又是和自己毫無二致的人類，而釐清他們坐在我面前的理由就是側寫師的工作。

在哪裡出生？被誰扶養？是否和父母一起生活？和兄弟姊妹的關係如何？父母是怎樣的人？和父母關係如何？搬過幾次家？有沒有念國小、國中、高中？學生時期的人際關係如何？大家認為自己是怎麼樣的人？自己認為自己是怎麼樣的人？做過什麼工作？和異性交往關係如何？有沒有結過婚？和誰在什麼樣的狀況下發生第一次性行為？住在哪裡？有沒有同居人？喜不喜歡或討厭動物嗎？有沒有欺負動物的經驗？有沒有喜歡的服裝或髮型？最幸福的記憶是什麼？最悲傷痛苦的瞬間又是何時？有沒有夢想？現在最擔心什麼事？

我們會詢問一切即使與犯罪無關的問題，雖然有些問題看起來與犯罪沒有直接關聯，但答案裡卻會道出許多犯罪相關的情報，大部分的犯罪者都很疑惑為何自己要坐在側寫師面前，卻仍大把大把地將個人史傾訴而出。

有許多案例都不知道自己為何犯案，做為一名側寫師，我們該做的就是確實理解犯案者，探究他們的犯案動機，分析他們犯罪前、中、後的行為，追蹤相關數據以便發生類似犯罪時能儘早破案。但是主修諮商心理和教育學的我所思考的另一個目標，便是希望我的面談能讓犯罪者更了解關於自己的任何一件小事。

我想給他們機會，讓他們仔細觀察自己在犯罪之前從未認真回首的人生。他們對初次見面的人訴說自己的故事並流下眼淚，即便承認罪行、說出犯案細部過程後會受到更重的處罰，卻仍然在面談結束後向我們道謝，有人能理解這群人的心情嗎？對於從未有人花時間傾聽自己說故事的人而言，即便他們是犯罪者，也會對側寫師心懷感謝。

事情既已發生，人已遭逮捕，究竟該把事情說到哪一步呢？犯罪者的內心一定歷經無數掙扎，究竟他是如何犯案？和被害人又有什麼互動？這些答案都只有犯罪者本人知道，偵訊人員會依照已發生的狀況提問，但是否要如實陳述就是犯罪者的選擇了。另外我認為即便他們願意盡全力說明，但若判定某些內容不會影響自己的量刑，其實也不用逼自己回想那些不願想起的畫面。

當我們遇到心意相通的人便會想跟對方長時間對話且能自在地開口，犯下重案的犯罪者們大約也是相同的心理。

兒童期很重要

多數人類心理與社會發展相關的學者都一致認同人類發展階段中最重要的時期為出生後到上小學前，這個時期所形成的各種情感將影響我們一輩子的人生。若沒有在關鍵時期完成各成長階段必要的課題，造成負面情感發展，並且也沒有遇到好的傾聽者，那麼在面對危機時刻就可能導向負面發展。我很難把這個主張完全套用在某個人的故事上，但在我開始與犯罪者見面之後我才確信：「原來這是真的。」

與好的父母和擁有正向能量者一起生活並度過幸福幼年時期的人，即便遇到困境也似乎不會輕易感到挫折或讓自己陷入極端的狀況。目前為止我所遇到的犯罪者當中，在遇到「最幸福的瞬間是什麼時候？」這個問題時都無法輕易地開口，你們或許會想問：「難道真的一個都沒有嗎？」還真的一個也沒有。的確，並非所有在惡劣環境下成長的人都會成為犯罪者或做出相同的選擇，但若一個擁有負面心態的人不斷與負面的情境碰撞，在一個符合自己的情況下開啟了那扇黑影重重的房門，便會不自覺地大步邁進那失控的局面了。

需要數學的理由

從國小的算術到高中的微積分，我一直難以理解為何要學習如此困難的數學，總認為應該只要學會能正確算找錢的算術就好了吧？在文組裡還算對數學有興趣的我是這麼想的，其他同學也經常說出類似的話，但在我與犯罪者見面之後，我終於了解數學是多麼重要的科目，也體會了邏輯思考對活出健康的人生有多大的幫助。雖然數學並非培養邏輯思考的唯一科目，但學習數學的過程似乎就能自然發展邏輯思考能力。

說到這裡，你們或許仍不明白我為何如此強調數學的必要性，那不如這樣想吧？我曾遇過因竊盜罪遭判刑，並在期滿出獄不到一個月又因相同罪名被收押看守所的犯罪者。通常側寫師不會與單純竊盜罪的犯人見面，但負責案件的刑警請我一定要見見他，所以才有了這個局面。

就和平常的面談一樣，我問了他的成長背景以及目前為止的生活狀況，但他卻在過程中哭著表示自己再也不想入獄，看著一副寧死也不願再入獄的他，我問：「既然你這麼不想入獄，為什麼又犯了相同的罪呢？」結果他卻說自己除了犯罪別無選擇，父母在他服獄期間搬家，導致他無處可去，甚至還大吼大叫地反問我：「我又餓又沒錢，難道還有其他選擇嗎？」

但是坐在我面前說話的犯人明明是個四肢健全的年輕人，他的長相還算帥氣，靠自己的體力找工作應該也沒有問題。我把上述想法告訴他之後，他才表示自己沒想過能這麼做，他只覺得憤怒、茫然、沒有其他想法，要是能在犯罪之前遇到我就好了，看著這麼說的他，讓我感到十分惋惜。要是他知道自己在同一情況下有如此多的選項，就不會做出犯罪這麼難以承擔後果的選擇了。

這種時候我最先想到的就是「機率」，國小數學課時有學過「袋子裡有五顆紅球、三顆藍球、三顆黃球，從中抽出紅球的機率有多少？」等相似題型的解法，當然，在解這道題目之前我們必須清楚，紅球、藍球、黃球確實存在袋子裡。然而當你覺得憤怒又荒唐，不清楚自己其實有許多選項時，不管是什麼機率都不重要了吧？因為至少要擁有思考的餘裕啊！

任何人都能成為心理變態嗎

保健福祉部和中央兒童保護專門機構在每年年末都會舉辦「兒童虐待預防論壇」，我以討論者的身分參與了二〇一九年舉辦的第六屆論壇，分享了親自與虐待兒童犯罪者見面的感想以及從預防層面可以做到的事，過程中我接收到一個提問：「所有人都有心理變態的傾向嗎？」

從結論來看，我並不認為每個人都有心理變態的傾向，但我同意所有人都帶有某種程度的攻擊性。嬰兒期的小孩在肚子餓或不舒服時會放聲大哭，如果需求沒有被滿足，甚至會哭得更大聲以表達不滿，研究發展心理學的學者認為，「不悅」的情緒發展比「悅」來得更快且劃分得更細緻。

接著隨著語言能力發展，人類表達不悅的方式會更加成熟，也會學習不使他人不悅同時滿足自我慾求的方法，產生預測自己的行為會使他人有何反應、從他人的表情掌握其中意義的能力。

若明白現實生活中的某件事會引人不悅，那麼就會發生「即使想也不去做」或「不想做也得做」的結果，然而若是沒有在這個時期習得上述能力，又或是無法用成熟的方式滿足自己的慾求，便會轉而尋覓其他滿足方式或邁向負面的社會心理發展[31]。若這個狀態延續至成人期，便會使得人缺乏觀察與體會情感的能力，傾向以自私的方式滿足自我慾求。

31 艾瑞克森社會心理發展階段：將人的一生分為八個發展階段，每階段都有相應的任務，若未能完成某階段的發展任務，未來將會產生問題。

能習得惡，必能習得善

人的忍耐都有極限，或許人的度量有所不同，卻也沒辦法毫無限度地忍耐，若是超越忍耐極限，情緒便可能以任何方式爆發。有許多一輩子被視為膽小鬼、窩囊的犯罪者都是透過某次突然的發怒或攻擊行為，發現對方對其產生畏懼，因此以更強烈、更具攻擊性的方式表現自己的情緒，最後脫離法律的框架，衍生為犯罪行為，因此我也看過案例在陳述犯案行為時竊笑著說道：「不過我強硬起來之後，對方反而嚇到了呢！」雖然他們也不認為這是好事，卻仍忍不住表露當下的快感。面對這種犯罪者時我總感到毛骨悚然，甚至懷疑對方到底是不是人？雖然犯罪者並不想進看守所，但在那個瞬間，他們似乎能感受長久壓抑的憤怒被釋放的感覺。

我實在不明白人類是否天生善良？又或是天生邪惡，但因為與善類相處才發展為善？不過唯一能確定的是不論善惡都可學習，因此以犯罪者為對象的研究當中，也有與家族和雙胞胎相關的研究。

俗語有云：「江山易改，本性難移。」這也說明了要一個人改變並不容易，因此試圖改變他人的行為通常都不怎麼有效，但只要人類有意付出改變的心力或展開深層的自我探索便有可能產生急遽的變化，一邊說：「早知如此，何必當初。」一邊後悔並反省過去的人生。

問題在於要達到這個階段並不容易，因為這並非有人督促就能成事，但光是有成功的可能性就已非常難能可貴。人類得以透過學習和頓悟來改變、創造人生，是不是令人充滿希望呢？

無論如何，愛是真理！

人類需要愛，雖然愛的方式各有不同，但不論是何種型態，人類似乎總不斷地渴望所謂「愛」的情感，認為自己充分被愛的人便擁有堅忍不拔的能力。即便沒有人靠在身邊用耳語對自己說「我愛你」仍能在成長環境中感受到自己被愛的人就不會做出極端的選擇，他們不會認為自己的生命微不足道，也不會做出傷害他人生命或身體的行為，因為他們清楚愛自己的人對他們抱著何種期待，因此就算在憤怒之下也能調整自己的情緒、控制自己的行為。

我和某連續殺人案件的犯罪者面談時，曾對他提問：「你認為自己成長過程有充分被愛嗎？」他從容地回答了大多數的問題，卻在面對這個問題時歪了歪頭，他顯得非常尷尬且不自在，甚至有些慌張。我問他：「這個問題與犯案無關，你為什麼出現這種反應？」他卻說自己從沒思考過這個問題，問我愛是指什麼樣的愛？他不清楚「愛」是怎樣的感情，甚至說出：「我並非因為相愛而結婚，只是當時交往的女人懷孕了卻不願意墮胎，所以只好辦婚禮。」如此荒誕的答案。於是我請他現在重新回想，結果他卻反而回答：「小時候為了要種田都沒時間和家人對話，所以很討厭住在農村。」

愛人與被愛的情感有著驚人的力量，使人擁有的不多卻仍慷慨，產生懷抱他人仍綽綽有餘的寬容大度。對某些人來說，相信自己被愛與支持能帶給自己克服困境的力量，在遇到具攻擊性的人時，比起與對方硬碰硬，會選擇暫緩判斷或以適當的方式避開當下的處境，特別是那些從小到大都受到充分支持、自我慾求被適時滿足的人，這樣的經驗會化為他們隱形的財產，成為他們選擇幸福的助力。或許正是因為這樣，人們才會把與家人的合照放在書桌上或珍藏那些與戀人拍下的幸福時光吧！

因此我想建議大家，不要只保留旅行照片的原檔，把它們印出來，做成隨時都能拿出來欣賞的相簿，覺得難熬或壓力大的瞬間就把相簿拿出來，即使是獨自一人仍會不自覺綻放微笑，並在回憶的同時獲得新的力量。

罪犯是沒有幸福回憶的人

在犯下殺人、強盜、性暴力等被分類為重案的罪行後，要以犯人身分在側寫師面前提起幸福相關的記憶實屬不易，但是看著輕鬆敘述著分明更難以啟齒的犯案記憶，卻說不出美好回憶的犯罪者們，我覺得十分遺憾。

一邊賺錢又一邊顧孩子的職業婦女最難過的就是和孩子的相處時間不足，因此只要小孩感冒生病或和交友產生問題，媽媽們都會認為是自己做得不夠好，並因而痛苦煎熬。不過其實重點不在於共處的絕對時間長度，我相信許多父母都會認同，不是長時間和子女相處就一定能為他們帶來正面影響，而且孩子上國高中後似乎也更享受父母不在的時光，因此父母並不需要時時刻刻都與孩子相伴，關鍵在於父母與孩子相處時必須讓他們了解爸媽充分地支持他們、愛他們。

當妳下班回家，看到孩子玩得一團亂，一邊奔向自己一邊喊著：「媽媽！」

妳能夠毫不猶豫地抱住他嗎？我問過很多人，但直截了當地給予肯定答覆的人並不多，但若是這個舉動帶給孩子的能量能讓他度過一天、一星期，甚至一個月，那我們該怎麼做呢？若知道一個大大的擁抱就能幫助孩子，我相信大家會做出不一樣的選擇。孩子被父母擁抱時的感受會進入他們的「獨特世界（Quality World）[32]」並留下記憶，正在閱讀本書的大家也可以想想看，自己的「獨特世界」裡珍藏著哪些照片或圖像呢？我們應該在活著的時候努力蒐集那些幸福的照片。

人類是比想像中更複雜難懂的存在，許多犯罪者本人不清楚自己為何選擇犯罪，也無法接受這個行為出自於自己的選擇。所有行為都出自滿足自我慾求的選擇，責任也必須自負，為了替每瞬間發生的事情做抉擇，我們的大腦內部落了一座看不見的系統，貌似在無意識下自然發生的行為或犯罪者常說「別無選擇」的

---

32 現實治療法當中認為保管自我慾求被滿足時場景的地方。

行動，其實都是出於「選擇」，現實治療法當中認為我們所有行為皆非毫無來由，而是與內在因素同步的結果。

或許這麼說有點難理解，但是賭博、酒精中毒，甚至自殺都是源自本人選擇的結果，當你說出：「我本來不想這麼做，但不知道為什麼就變成這樣了。」可能就會感到束手無策、變得更加絕望。我們能做的並非打擊經歷精神苦痛者的慾求，而是規劃以有效方式滿足他們慾求的對策，幫助他們把美好幸福的場景收藏進相簿裡。透過反覆這樣的過程，他們便能欣然接受那些看起來「別無選擇」的行為其實都出於自己的選擇，自己必須對那些結果負責，所以也不會再做出錯誤的選擇。犯罪者並非天生注定成為犯罪者，因此無論如何都必須學習了解自我並不牽涉犯罪的有效方法。

無論如何都不要放棄的事

一念之隔的轉換就能改變一個人。有些人說犯罪相關的特質是與生俱來，原始性格對心理變態的養成具有相當的作用，父母的教養態度與幼年時期等因素也有關鍵影響。我認為犯罪者並非從天而降，而是循序漸進而成，這句話代表降低犯罪率雖不容易，卻非不無可能。我們應衡量需為犯罪者付出的心力，就算機會十分渺茫，但只要有改變的可能性，就必須為他們擬定相關社會策略，因為我相信人具有無限的可能性。

人人都希望能成為自己人生的主角，但這項慾求的關鍵發展時期約在五歲左右，只要在這個時期支持孩子，讓孩子確信自己就是人生的主角，他們這輩子就能擁有堅強長大的力量。如果這個時期就能決定一個人能否掌握自主權、需不需要一輩子看人臉色，那麼世上哪對父母會讓自己的孩子過上不得自主的人生？不過那些因為得不到支持與關愛而逐漸變成怪物的人，也不是沒機會重返過去的原貌，我們的所見並非一個人的全部，因此應預設對方有其他發展的可能。

人類生下來就是所有動物中最弱小的一種，是不得不進行團體生活的社會性動物，因此不論是誰都渴望與他人締結親密關係，並以各種型態形成網絡生活。我們在家庭、職場、社團等場合會被賦予特定的地位，根據個人慾求的不同，也會在各式各樣的團體中選擇符合自己性格的角色，而在這些過程中會產生衝突，使得自我能力做出正面或負面的發揮。

或許有些令人訝異，但幸好人類自帶治癒能力，雖然在極端的情況下會需要專家的處方併行藥物治療，但多數人都能檢視自己的心並讓傷口癒合，只要我們發覺自己有這樣的能力即可。現在，在闔上這本書之前我們必須記得：「我很棒，雖然我在生活中受過傷，也經歷過衝突，但我能正視一切，擁有自我療癒的能力。」